大麻と私

高樹沙耶

はじめに

私が逮捕されたのは２０１６年10月25日のこと。

その年の参議院議員選挙に出馬した時よりも、大麻取締法違反で逮捕された時のほうが、大きく報道された。

この逮捕劇で、「医療大麻」という言葉は広まった。しかし、女優・タレントとしての高樹沙耶の商品価値は地に落ちた。

その後、この国では大麻取締法についての議論が始まるどころか、規制のために公費がさらに投入された。


あれから8年が経った。この日本で、大麻草についての認識が書き換えられるためにこんなに長い時間を費やさなければいけなかったことに、私は驚いている。

「大麻草を育てても、使用してもいけない」という、私にはあまりにも理不尽に思えることの問題に疑問を投げかけて10年が経つ。気がつけば、たくさんの時間とエネルギーを費やしてしまったなとつくづく思う。

メディアにチヤホヤされていた女優・タレント時代から、まるで逆の方向に舵を切り、かなりの苦渋を味わってきたけれど、自分の信念は曲げられない。

私は、この国の決断やメディアの報道に疑問を持ち続けている。最近は特にひどいことになってきた。そう思うのは、多分私だけではないという気がしている。

法改正に関することや、インフルエンサーなどとして、もう私の出る幕などないと思うので、この本を最後に、大麻や政治に関する活動のようなことからは身を引こうと思う。

もちろん、意見を聞かれたら、ここぞとばかりにお話しすることはあるだろうけれど、自分の皮を剝ぐような思いをしてまで、思いを告げることはないだろう。


いつになったら、大麻使用についての賛成派と反対派が、双方スッキリした形に収まる時が訪れるのか？

既に執行猶予の期間が過ぎたにもかかわらず、〝大麻使用＝罪人〟というイメージがずっと変わらないままでは、この世界では本当に生きづらい。せめて、一日も早く大麻草に関する間違った認識が改められることを祈っている。

しかし、2023年12月に可決された「大麻取締法及び麻薬及び向精神薬取締法の一部を改正する法律」では、新たに「大麻使用罪」ができてしまった。世界の潮流に逆行するような流れになっていることは容認しがたい。

もし日本の法律が変わり、日本人の大麻に関する認識が変わることがあれば、私の残りの人生ももう少し生きやすくなるのではないかと思い、私の思いを込めさせていただきました。

少しでも、「大麻は麻薬で、悪いもの」というイメージが変わることを願って……。私の人生を振り返りながら、私の感じたことを書かせていただきました。

どうぞ最後まで読んでいただけたら嬉しいです。

2024年初夏

高樹沙耶

目次
大麻と私

第5章 大麻と私

特別対談　正高佑志×高樹沙耶

第1章　マトリが家にやってきた！

♣2016年10月25日、朝

２０１６年10月25日。

朝起きると、石垣島の我が家にマトリ（麻薬取締官）がやってきた。

男女含めて十数人くらいが、黒ずくめの服を着て入り口に待機していた。

私は女優をしていた時代は刑事ドラマに出演することが多かったが、我が家はまるで撮影現場のような感じになっていた。

ドラマさながら、私の目の前に捜査令状が突きつけられた。

老眼になり始めていた私には、何が書いてあるのかはっきり見えなかったが、「ドラマで使用したものと同じような内容が書かれているのだろう」「それを読んで確認したところで、お断りして引き取ってもらうことなど無理であろう」から、渋々それを受け入れるしかなかった。

箪笥から、引き出しから、全てをひっくり返され、木っ端微塵に砕かれたプライバシー。

「おかしな趣味がなくてよかったな」と胸を撫で下ろした。

私のそばには、私から話を聞き出す役割とでもいうか、私を監視する人がベッタリと張りつき、私が逃げたり何かを隠したりしないように、見張り続ける。

ただ私はなす術もなく、自分の家の居間に座り、ことの流れを見守るしかなかった。

現場の風景を眺めていたら、不意に井上陽水さんの「夢の中へ」が頭の中を流れた。皆さんもご存じの通り、この歌では「探し物はなんですか？」「まだまだ探す気ですか？」と探し物をしている人を、横から見ている。今、目の前で起こっている光景とダブって見えた。

思わずマトリの方にこの歌の話をすると、「知らない」と一笑にふされてしまった。

そして、私が意外と落ち着いて見えたのだろう、担当官はこんな質問をしてきた。

「なんで、そんなに落ち着いているのですか？」

「なんでそんなことを聞くのですか」と問うと、「大抵の女性は、こういう場合、けっこうパニクります」との答えだった。

なぜ落ち着いて見えたのかというと……。

「大麻草を使用または所持することが、なぜ犯罪なのか？」

大麻草のことを調べれば調べるほど、この法律（大麻取締法）がいかにデタラメであるか、ということに気がついた。それを世間に訴えていた私としては、

「この罪（大麻取締法違反）というものに関して、なんら悪業を犯していないと信じているからです」

その時にこういえたかどうか、記憶は薄れている。が、私は本気でそう思っていたのだ。


1時間ほどした頃、大麻が入った缶、かつてお菓子が入っていた四角い缶が見つかった。その中に大麻草は置いてあった。

もちろんそれは、誰が見ても大麻とわかるものだったが、その場で試薬による検査が執り行われた。ここで試薬が反応したら、決定的証拠となるわけだ。

試薬は陽性、発見された大麻草は55グラム。大麻取締法にて逮捕が確定された。

ほか、証拠を掴むための関連道具として、さまざまなものが押収された。スマホ、コンピュータなど全て没収された、法律を犯したことが確定した者には、プライバシーなどは

ない。何一つ、主義主張はできなかった。

割とあっさり大麻が発見された理由は、私と同居人たちは、大麻草は使い方次第ではとてもよいものであると信じて疑っておらず、麻薬どころか、漢方薬（生薬）として最高であると確信しており、悪いものだとは一ミリも思ってはいなかったので、「見つからないように」と隠すことを怠っていたからだった。

♣突然、報道陣が出現

家宅捜査中にもかかわらず、どこかに潜んでいた報道のカメラマンたちが慌ただしく動き始めた。

マトリが用意したワゴン車に、私が乗り込む姿を撮影するため、突然目の前に現れ、フラッシュを焚いた。

「ああ、既に情報がリークされていたのだ」と悲しい気持ちになった。一言だけ、「なんであなたたちが、既にここにいるんですか」と声を張り上げた。

マトリの担当者は少し怯み、カメラを遠ざける仕草をした。

しかしカメラは回り続けていたのだろう。勾留中のワイドショーを私は見ていないので確認してはいないが、きっとその映像はテレビで使われていたと思われる。

そして、私があまりにも用意不足だったことは恥じるばかりだが、「マトリが報道関係者に家宅捜査を行うことをリークすること」はれっきとした法律違反、守秘義務違反。ただ、この時はそのことを知らなかった。

沖縄本島で取り調べ、及び裁判を行うため、用意されていたワゴン車に乗り、石垣空港へ向かった。特別機が用意されるわけでもなく、別のゲートから機内に向かい、一足早く飛行機の後部座席に乗せられた。

手錠は捜査員のジャンパーで隠されてはいるものの、ワイドショーの報道のせいか、既に事件を知っていて、私の存在に気がつきカメラを向ける人もいた。が、マトリの方が制してくれた。

那覇空港に着くと、早速報道陣が待ち構えていたが、それをくぐり抜け国際通りの裏にある那覇地方裁判所に隣接している、マトリ沖縄支所（沖縄分室、沖縄麻薬取締支所）に到着した。

ここでは、写真撮影、指紋、ＤＮＡの採取など、さまざまなデータを取られることから始まる。

そして、警察署に２泊３日勾留され、マトリの事務所にて日々取り調べが行われた。お昼ご飯には、近所のお弁当屋さんで購入したランチ弁当が届けられた。マトリの捜査官の方と世間話をしながらの昼休憩。いくつか購入してくださり、そこから選ばせていただいた。五穀米の野菜中心のお弁当などもあり、私の私生活の情報をいろいろ入手していることが伺われた。

その後、拘置所に入る時には地獄を味わった。丸裸にされお尻の穴まで調べられるのだ。そこに何を隠すというのだ？　バイオレンスドラマの中にいるような気持ちにさせられた。

ここから私は、番号で呼ばれることになる。

その頃の気持ちとしては……。

健康のために大麻を使用していただけで非人道的扱い。身ぐるみ剥がされ、お尻の穴までチェックされ名前さえ呼んでもらえない。

まさか、人生でこんな屈辱的な経験をすることになろうとは、思ってもみなかった。

拘置所という、トイレにすらプライバシーがない、3畳の冷たい壁の中で毛布にくるまり震えながら、「たった80年前に海外から無理やり押しつけられた法律のせいで、こんな目に遭わされていること」に対して、ますます私の中で政府やメディアに対する憎悪は膨らんでいった。

その後、21日間の取り調べが行われ、起訴か不起訴かが確定される。

どんな質問をされるのか？

どこまでしゃべればいいのか？

どこまで黙ればいいのか？

まさか自分がこんな目に遭うとは思ってもいなかったので、どう対処すればよいものかさっぱりわからなかった。

ただ〝神様にも自分にも、嘘だけはつきたくない〟と思っていた。

しかし、「いつ何回大麻を使用したか」については、嘘はつきたくはないが、そんなにこと細かく、正確に過去の出来事は記憶していなかった。

♣「大麻使用罪はない」とたかを括っていた

そもそも、「なぜ私の家に大麻があったか」というと、２０１５年頃、大麻の合法化活動をしていた際のリーダーであったＭ氏が、「突然死の危険がある」という狭心症になってしまったことが発端である。「その病気は、寒い場所より暖かい土地のほうがリスクが少ない」ということで、石垣島に来ることになった。

当時、私も石垣島に移住したばかり。しかも、整地された宅地ではなく、自力で開拓が必須の森を購入していた。

Ｍ氏は、東京で土木の会社を経営していたので、そこは専門家。私の家で療養しながら、開拓の面倒を見てもらうということで、お互い協力し合うという流れになった。

彼は大麻取締法の改正を目指す活動家であり、「日本でも、法に規制されて犯罪にするのでなく、有効活用すべきである」ということを、いろいろな場で訴えてきていた。そのため、自分の病気に対して、大麻草がどれほどの効果を示すのかを試したいたいと希望していた。そして、「大麻を私の家に置いてもいいいか」と相談された。

彼からは、「日本の法律では、この大麻草が私自身のものであるということが証明されたならば、万が一あなたが使用して捕まっても、大麻取締法には使用罪はないので起訴されないから安心しなさい」といわれていた。

実際、過去の例を見ても、「旦那さんや恋人、同居人が所持をしていて共に逮捕されても、パートナーは不起訴という例が95％」ともいわれていた。

そんなこともあり、私はたかを括っていたのだと思う。

しかし実際は、私は私のものでない大麻で、自分のものだという証拠もなく、ただ私の家に大麻があったというだけで、共犯として起訴になった。

普通は、ここの段階ですぐに釈放されるはずだが、私は「証拠隠滅の恐れがある」という理由で、勾留期間が1月延び、また1月延び、また1月延びと、結局、法的に勾留してよいという、最長の期間である3ヵ月間、拘置所に入れられた。その後、裁判でさらに3ヵ月、保護観察つきで沖縄本島に滞在。ほぼ半年、自由を奪われたわけだ。

なぜ、ここまでの仕打ちを受けたのだろうか？

それは、「大麻取締法改正」という公約で参議院選挙に出たから？

だとしたら、あまりにもひどいことだ。

逮捕されたのは10月25日。沖縄はまだ暑かった。

拘置所は、昭和の初期に建てられたような団地のような建物。３畳一間にトイレがついている、ドラマで見たような間取りだった。

「まさかここに来ることになるなんて」

部屋の鉄格子から流れる風は優しい。その風に乗って、鳥の囀《さえず》り、近くの学校のグランドからエイサーの練習の音や、子供たちの声が聞こえてきたりした。

「沖縄でよかった……」

もし、窓もない部屋に閉じ込められていたら、私はこの時点で精神を病んでいただろうと思う。

世間と切り離され、国家が認めてくれるこの空間は、ある意味自由な場所。仕事もしなくてよく、食事も提供してくれ、洗濯もしてくれる。〝推定無罪（有罪と宣告されるまでは罪を犯していない人として扱うという原則）〟の間は何もすることがない。

本を読むか、眠ってしまうか、自分を振り返るか……。

しかし、21日間の取り調べは本当に神経がすり減った。自分が逮捕されるということ、取り調べを受けることなど、全く一ミリもシミュレーションしていなかった。どう振る舞えばよいのか全くわからなかった。情けない話である。

大麻は私のものではないことは事実。私の購入したものではないのも事実。日頃どこに置いてあるのかも、私には知らせないでいてくれたということも事実。

ただ、私も使用したことがあったのは事実だった。使用罪はないといえども、無罪放免にはならなそうな空気を感じた。

弁護士の態度が突然変わり出したのだ。途中から、私の目を見なくなっていた。私の知らないところで、何かが動いていることを感じざるを得なかった。

今後、私がこの社会において起こることを想像すると身体中が震え、凍りつくような恐怖に襲われた。独房から取調室への廊下は、長く暗い道のりだった。

自分の人生でまさか逮捕され、牢屋に軟禁されるなどとは想像したこともなかった。

なぜこんなことになってしまったのか。「精神と時の部屋（マンガ『ドラゴンボール』に登場する精神修行の部屋で、時の流れが非常に遅い）」でいろいろなことを考えた。

第2章　物語のはじまり

♣人生を変えた、母からの衝撃の一言

1963年、東京オリンピックの前年の8月、私はこの星に生まれた。3歳まで東京で過ごし、その後、静岡県浜松市で成長することになる。

幼稚園から小学校に上がる頃の浜松の風景は、駅からさほど離れていない地区に紡績工場があり、母の経営する繁華街の喫茶店の前には大きなロープ問屋さんがあった。街は産業革命の線路を走っていた。人々は忙しく働いていた。

浜松には本田技研、ヤマハ、河合楽器製作所、スズキ自動車などの大きな企業がある。どんどん成長する高度成長期、目まぐるしく世界が変わり始めていた。

市街地の水路が少しずつ汚れ、空にも時折霞んだ空気が流れ、光化学スモッグ警報などが発令されたりもしていた。

バスや電車の乗車賃が30円、タクシーの初乗りが100円、1ドルは360円。サラリーマンは年収100万円ほどだった。マクドナルドやケンタッキーフライドチキンが日本に入ってきたのは、私が中学校に入ってから。生クリームにイチゴが乗ったショートケーキ、

お寿司や焼肉は、時々は食べることができるくらいの高価な食事だった気がする。

小学校の校舎も、私が入学した時は木造の校舎だったが、卒業時には鉄筋コンクリートの校舎に建て替わっていた。

高度成長の坂道を駆け上がる日本だった。

私が小学校3年生の時に、我が家に事件が起こった。

両親が離婚をしたのだ。

当時は母子家庭は珍しく、少し肩身の狭い思いをしたが、特にいじめられたりということはなかったように思う。

父と一緒の貴重な写真

母が喫茶店を経営していた頃の出来事である。お客さんが私をドライブに連れて行ってくれることになり、出がけに母から500円札を渡された。

1日遊んでもらい、夕方帰宅すると、電気もつけていない暗いキッチンで母がしょんぼり座っていた。

「ただいま」と声をかけ、朝渡されたお金を「ご馳走になったから使わなかった」と手渡した。

すると、「あーよかった。これで給食費が払える」

母がそういった。

「えっ！我が家はそんな状態なの！」

父親が不在なことを悲しく思った。

この時、「私がいつか母の面倒を見なければいけないのだから、なるべく早く社会に出て成功をつかまなければ」と胸に刻んだ。


実はこの話には後日談がある。

当時はATMがなく、母はその日、とても疲れていて銀行に行けなかったらしい。だから、手元に給食費として払う分の現金がなかった。それで、「あーよかった」という言葉が出たということだった。

私は、暗いキッチンにたたずむ母の姿を見て、〝生活苦〟と思ってしまったという話。

もちろん、決して裕福な家庭ではないけれど、そこまでジリ貧になっていたわけではなかった。私は勝手な思い込みで小さなハートに不安を抱え込み、取り越し苦労をしていたのだと、随分とあとに母と記憶のすり合わせをして判明したわけだ。

私のその思い込みは、「1日も早く社会に出て稼がなくては」と、私の未来の予想図に自立という文字を刻むことにつながった。それが私の自立を早め、今に至る一連の出来事のきっかけになったのだから、人生というものはとても面白いとつくづく思う。

♣先生に憧れる気持ちが起こした奇跡

小学校時代の私の成績は普通で、特に目立つこともなく、どちらかといえば自信がなく臆病で控えめであったと自分では思っている。ところが小学校5年生の時、ちょっとした奇跡が起こった。

5年生のクラスの担任は、体育大学を出たての新任の先生だった。サッカーを特技としていて、背広を纏《まと》わずスポーツウェアで颯爽と教室に入ってきた。

たちまち生徒の人気者になり、毎日学校に行くのが楽しみになった。

ある日の体育の時間、いつものように50メートル走をやらされた。驚くことに、いつもはビリから2番目だった私が、気がつけば前から2番目を走っていたのだ。

その日の夜、「私に何が起こったの?」と思い起こした。が、その時は自分の気持ちをはっきりと言葉にはできなかった。

今思えば、きっと先生に憧れの想いを抱いていたからだろう。「先生私を見て〜!」「先生に認められた〜い」「先生が大好き!」という無邪気な心でいたのだと思う。

そして、その時感じた「ワクワクする」という喜びの感覚は、生きていくために何かを成し遂げるためのエネルギー源であることを覚えたのだ。

中学に入ると、クラブ活動に参加しなければいけなかった。当時は『エースをねらえ!』というアニメが流行っていて、テニス部が大の人気であった。

残念ながら私はそこの枠には選ばれず、第3希望だった陸上部に入部。「身長が高いから」というだけの理由で、走り高跳びの種目が割り振られた。

練習は苦しかったが、クラブのみんなとの時間は楽しく、試練は乗り越えられた。今では信じ難いが、当時は練習中に水を飲むことは許されなかった。タオルに染み込ませた水を、みんなでこっそり啜《すす》りながら練習していた。現代なら、きっと先生は訴えられているだろう。

たまたま選ばされた走り高跳びという種目は、私には向いていたようだ。中学校2年生の大会では、県大会まで進むことになった。しかし、インターミドル（全国中学校体育大会）を目の前にして敗退。大会当日、ものもらいになってしまい、県大会4位止まりとなった。

練習がきつくて、何度かやめようと思ったこともあった。そんな時はいつも、祖母に説き伏せられた。「なせばなる、なさねばならぬ何ごとも……」

戦後、戦地から戻った祖父は、病に倒れて早くに亡くなった。祖母は、4人の子供を女手一つで育てた。お弟子さんを何人も使って、美容院を切り盛りしていたのだ。

祖母は、美容師をできる限り続けようとした。そして、88歳の時に〝刃物を使う仕事なので危険だから〟と家族に止められるまで、自分の仕事をやり切った。

祖母は102歳で亡くなるまで、人の手を煩わせることはなかった。

夫がいなくとも女一人で4人の子育てをすると同時に美容院を取り仕切っていた祖母と、女一人で懸命に人生を生き抜いた母。私は、頑張って生き抜く二人の女性の後ろ姿を見て成長してきたのだ。

私は男の人に甘える術《すべ》を知らず、〝怠ける〟ことになんらかの罪悪感があるのも、こうして働きながら子育てをしていた女たちに囲まれ、その姿を見てきたからなのかもしれない。

勉強や芸術方面では大した結果は残せなかったが、陸上部で苦しい練習を乗り越え結果を出せたという中学校時代の経験で、私は〝鍛錬の大切さ〟という宝を手に入れた。

そんなわけで、ちょっとしたヒロインになった私には、数人の男子の熱い目線が注がれるようになった。

♣人生の転機は突然に

陸上部での活躍や、少しばかり可愛い女の子になっていたことに調子づいた私は、東京に憧れを抱くようになっていた。

同級生の女子たちは、ピンクレディーの振りつけを楽しそうに踊っていたのだけれど、私はそうしたことに関心を持たず、ソウルやR&Bの部類に興味を感じていた。

中学生の私の心に火をつけたのは、原田真二《はらだしんじ》さんというミュージシャンだった。

それは、名古屋の大きな会場でのコンサートに行った時のこと。１０００人ほどが会場を埋め尽くし、ステージが始まるのを待っていた。会場の熱気と期待は〝わくわくパワー〟で満ち溢れていた。

コンサートも後半になり、会場の観客のテンションは最高に上がっていた。

その時、ステージのライトが会場に向けられた。

前列に席を確保していた私は、会場の熱気を後ろから感じ、振り返って会場を見渡した。

その時、目に入った光景に体が凍りついた。

満員に埋め尽くされた会場にいる人たちが立ち上がり、満面の笑顔で手を振っていた。

「彼の奏でる音楽と歌声で、こんなに人を喜びの世界に連れていけるんだ‼」

何かの〝ゾーン〟に入ると、視覚や意識がスローモーションになるが、私はその時、雷に打たれたかのように呆然と一人佇んで、揺れ動く人々を眺めていた。


「私も人を笑顔にする、そんな職業につきたい‼」

私の中で何かが噴火し、今までの自分の世界、いい換えれば人に与えられた常識という壁が崩壊した。

何が私にできるのか。その日から私は、そのことしか考えられなくなっていった。

ピアノは、小学校1年生で祖母に購入してもらったけれど、既に居間の置物となっていた。地方都市には、劇団ひまわりのような、その道に進むためのスクールもない時代。

当時、少女たちの間で流行っていたのは、『セブンティーン』『ｍｃシスター』という雑誌だった。その中に、いくつかモデル公募の案内が記載されていた。私は、有名なモデルさんの顔写真が載っているオスカープロモーションにターゲットを定め、写真を送った。

とにかく何かせずにはいられなかった。

毎日ポストを眺める日が始まった。どのくらい時が経過したか忘れてしまったが、ある日、オスカープロから手紙で連絡が来た。

母は「スカウト詐欺とかで、どこかにさらわれたらいけない」と心配して、一緒に東京に行くことになった。

表参道から青山に向かった。テレビの中で何度も見たキディランドや､ラフォーレ原宿、同潤会アパート。並ぶオシャレなブティックやカフェ。夢見た世界の中を歩いている。しかもモデルエージェンシーへの道を。ワクワクが高まりすぎて、心臓も脳みそも宙に浮いていた。

そして、今から思えば少し懐かしい匂いのするマンションの数部屋に、オスカープロモーションはあった。

社長室に通されて面接。つまり、社長直々のオーディション。

その場で所属が決まった。母も社長から直接話を聞き、快く了承してくれた。

オスカーのパンフレットに初めて掲載された写真

浜松を出る前、友達と夜の街に繰り出した。当時ももちろん高校生の飲酒は許されなかったが、「特別な日だから」とはめを外し、大人ぶってみたのだ。少し酔ってしまったので、帰宅途中、自宅のそばの広場で横になった。空を見上げた途端、酔いすぎたと思った。

雲一つない空に見たものは、数え切れないほどの流れ星。圧倒された。その日は〝なんとか流星群〟の日だったのだ。もう一度あの流星群を見たくて、〝流星群予報〟を見つけると空を見上げるが、それ以降は出会えていない。それほど、あの流星群は本当にすごかった。まるで、私の旅立ちを祝ってくれているかのようだった。

♣モデルから女優へ～

当時、オスカープロに所属しているモデルさんの数は300人ほどだった。タレントのパンフレットは、電話帳のように分厚かった。

モデルになりたての頃は、まずはモデルになれただけで満足していたのだが、東京に慣れてくると、こんなにたくさんの所属モデルの中で、自分は仕事をもらえるのだろうかと心配になった。

17歳といえば、まだ普通は高校に通い、同年代と先生と家族という人間模様の中で生きている。それが、突然世界が広がって、モデル業界、広告業界の人たちと出会う。ニューヨークのビルを日本人が買うような大バブル時代を目前にした東京の広告業界には、華やかで輝いている人が星の数ほどいた。

自分の知っていた世界があまりにも狭く、自分の置かれていた状況を恥ずかしく思い始めた。素敵に生きる人たちに出会うたびに、一歩でも近づきたいという欲が膨らんでいく。地方から出てきたての私といえば、バスルームもなく、トイレ共同のアパートに住んでいた。

「原宿に住んでいるの～」といいながら、実は裏原宿。当時はまだ、昭和の木造が立ち並ぶ本当の裏原《うらはら》であった。裏原の有名店として大成功した、とんかつのサンドイッチで有名な〝まい泉〟は、今の店舗の半分くらいの敷地に、かつて銭湯が建っていた。この銭湯には、毎日のようにお世話になった。

まだ17歳だった私は、都立青山高校定時制に編入し、働く青少年として、夕方からは神宮外苑の野球場のそばにある高校に通った。学業を修めるというより、高卒という学歴の取得と給食を食べに行くという感じ。高校生が行うべき学習は、全く怠っていた。〝夜遊びのためのひと休憩〟という感じであった。

親元から解放された私は、夜の街にもよく繰り出した。

仕事がない週末は、〝キサナドゥ〟というディスコに行き、踊り騒ぐ。夜の東京イルミネーションに集まる虫たちのように。

♣初めての大麻草の経験

初めて大麻草に出合ったのも、好奇心や向上心剥き出しのこの頃だった。

私は、東京に出てきて初めておつきあいした彼から、大麻を教えられた。場所はフィリピンのセブ島。タバコのように紙で巻いたそれをジョイントという。そのジョイントに火をつけ、煙を吸い込んだ。そしてホテルのプールに入った。

その感覚は今でも忘れられない、時間も水の流れも全てがゆっくりと感じられ、皮膚の感覚や聴覚が敏感になる。そして味覚も感度が高まり、何を食べても美味しく感じられる。こういう状態に入ることを、「マンチーになる」と界隈ではいう。

幻覚を見ることはないし、幻聴が聴こえることもない。またすぐに欲しいという渇望も、もっと違う類のもの（覚醒剤）に興味を抱くことなども一ミリもなかった。

夜はぐっすり眠れて、次の朝にはスッキリしていた。

以上が私の初体験。多分期待を裏切ることになったと思うが、実際、そんなものなのだ。この頃は私もまだ若く健康で、カンナビノイド（大麻草に含まれる化学物質）は自己産生が十分足りていて、補う必要などもなく、特に大麻草に興味を持つこともなかった。また、18歳のこの頃は、今のような「ダメ。ゼッタイ。」キャンペーンはなく、大麻については「お酒のようなもの」というくらいのイメージしかなかったのだ。

♣カンナビノイドとは？

カンナビノイドは、大麻草に含まれる化学物質。私たちの体は、内因性カンナビノイド（体内でつくられる物質）という神経伝達物質を有している。マラソンなどをしている時にも〝脳内マリファナ〟が出ているという。

私たちは、自分自身で脳内麻薬、カンナビノイドをつくっているのだ。

一番最初に発見されたカンナビノイドは、発見者によりアナンダミドと名づけられた。インドのサンスクリット語で、アーナンダは至福という意味であり、そこから引用されたという。

カンナビノイドには、そうした幸福感をもたらす効果があるのだ。

老化や、過度のストレスで、この産生低下が起こるという仮説が提唱されており、高齢者、抵抗力が低い方、幸福感が足りてないなと思う方には、とても必要性が高い成分ではないかと私はいい続けているわけだ。

最近では、CBD（カンナビジオール）という大麻の一部の成分の健康に対する効能が認められ、市場に売り出され、とても身近になってきている。

CBD製品は、きっとどこかで見かけたことがあるのではないか？

CBDとTHC（テトラヒドロカンナビノール）が大麻の中にある主な成分で、THCが酩酊などを起こす。

本書の後半で、さらに大麻草の有効利用について記載するので、ここではこのくらいに。

♣目指せ！ セレブ！

当時はそんなことより、よりよい仕事にありつき、クオリティの高い仕事ができるモデルになりたくて、自分磨きに精をだしていた。

そして、１日も早くオートロックキーのあるマンションに住みたかった。

社長直々には売り出してもらえなかったけれど、大きな企業のコマーシャルや、憧れの雑誌のモデルとしても起用していただき、１年を過ぎる頃には共同アパートを出ることに成功した。

京浜急行のキャンペーンガールに選ばれたことがきっかけで、『プレイボーイ』などのグラビアに載ることになり、続いて映画の主演の話が舞い込んできた。

女優になるための勉強などしたこともなく、アクターズスクールや劇団で学んだこともない私が、主演の座につけたのはなぜだろう？

あの頃は無我夢中だった、スピリチュアル系の本を読みかじっては、願えば叶うと、引き寄せの法則などを信じ、ただひたすら夢を見ていた。

女優として脚光を浴び、輝きたいと。

主演作は『沙耶のいる透視図』
原作の小説は伊達一行《だていっこう》さんが書かれ、1982年に集英社すばる文学賞を受賞していた。

それまでの私は、アイドルとしてオスカープロモーションからデビューするチャンスもあった。「パンジー」という3名のアイドルグループを売り出そうという話が持ち上がり、私も最終オーディションの5人まで選ばれた。でも落選。

当時のアイドルは、フリフリドレスが似合う可愛いタイプが人気を得ていた。しかし私は、〝どこかアンニュイ〟といえばなんかよいイメージだが、どこかに影があるような斜に構えたタイプだった。だから、アイドルには向いていないと判断され、その時はデビューできなかったのだ。

しかし、結果的には映画で主演デビュー。今となれば、自分に合った役が回ってきたと思ったりする。

第2作目は『チ・ン・ピ・ラ』という映画で、主演は柴田恭兵《しばたきょうへい》さん。なんと、覚醒剤に手を出してしまう彼女役を演じた。それが大ヒットして、女優・高樹沙耶の人気が高まった。フジテレビが映画製作に参入した初期の作品で、テレビ局が力を注いでくれたおかげで、大ヒットしたのだ。

19歳の頃

〝女優として映画デビュー〟というのは、少し格が高いイメージがあった。このような形でデビューをさせていただいたことは、その後の女優の格として断然違うものがあった。

2時間ドラマの主演を長い間させていただいたのも、そうしたデビュー当時の作品のおかげといえよう。

♣デビュー作でヌードになり覚悟を決めた

「女優時代のことを書こう」とパソコンに向かうと、指が動かなくなる。

なぜなら、華やかな光に包まれたように見える表舞台の裏側で、私はいつも葛藤していた。こうして思い起こすと、けっこう恥ずかしいこともそこそこあるからだ。

まず初めの作品で私はヌードになった。それが出演条件の作品だったからだ。

そもそも、私は結婚に対してよい印象がない。なぜなら、両親の離婚という経験をしていて、その後、母が呟《つぶや》く「結婚だけが女の幸せではないのよね～」という独り言をよく耳にしていたのが関係している。全部そのせいというわけではないが、それが要因になっている部分はかなりある。

そのため、「お相手の財産目当ての結婚」や「誰かを支える人になりたい」ということには興味がなかった。とにかく、自分の力で、自分の成功をつかみたかった。

だから、人脈も家族の援護もお金もない私は、舞い込んできたチャンスに乗るしかなかった。私がこの時手放したのは、平和な家庭だったのかもしれない。

「もし自分がまともな男なら、人前で裸を見せた女性を奥さんにするだろうか？」

「答えはＮＯだろうな」と自分で結論づけた。

迷いが晴れると、意外と清々しいものである。とにかく、優先順位は仕事だった。

結婚を選択しないことを決めた私の恋愛は、少し変わっていたと思う。自分を成長させてくれる人、何かすばらしい才能を放ち、輝いて成功している人。時には不倫すら平気だった。私の血となり肉となり、心も体も物質も栄養も与えてくれる人を好んだ。

そして熱い情熱が冷めると、また私の感情を沸き立たせてくれる誰かを求めて彷徨った。

♣恋するホルモン⁉　ＭＤＭＡ

私たちは恋をする。時にはこの情熱のせいで殺人まで犯してしまったりもする。

その内側から沸き起こってくる感情、情熱みたいなものは、自分が起こしているわけでなく、ホルモンのなせる技だという真実を知っていれば、かつての恋路において、私は痛い目に遭わなかっただろうし、痛い目に遭わせなくてもすんだかもしれない。

人は恋に落ちてしまうと、それから2～3年という時間は、〝あなたしか見えない魔法ホルモン〟に侵される。

「可愛い寝顔がたまらない」

「話題が絶えない面白い人」

「切長の瞳がクール」

しかし、その魔法の効果は、残念ながら2年から3年しかもたない。

大好きだったはずの相手の、素敵なはずのその全てが、急に色褪せて見える。現実は何も変わってはいない。ただ恋愛ホルモンが切れてしまっただけのことなのだ。

なぜ、このホルモンが2～3年に限られているのか。それは、多様な子孫を残すためといわれている。

恋の情熱は脳内のPEAという興奮性神経伝達物質より起こるそうだ。その陶酔状態は、2～3年で醒めてしまうのだ。

このホルモンが活発に出るのは、思春期の10代中盤から30代前半くらいまで。あとは、ジリジリ後退しながら、50代にはそろそろ枯渇していく気がする。

これは、あくまで私の経験上……。人それぞれだとは思うが。

この興奮性神経伝達物質は、かなり心地よい気分になる幸せホルモンだ。

それとほぼ同じ状況を脳内につくる化学合成薬がある、それがＭＤＭＡ。別名はエクスタシー。幻覚剤に類するこの物質は、この恋するホルモンと同等のものらしい。

以前、「別に‼」発言で話題になった女優が逮捕された時、その名前がメディアに流れた。

私も若い頃、これに手を出していたら、けっこうハマっていたかもしれない。

「え〜高樹さん、知らないふりして本当はいろいろ経験してるんではないですか〜」とお思いでしょうが、意外と私は臆病で、そんなにあれやこれやドラッグの経験はしていないのが事実です。

これは経験者に聞いた話だが、この化学的に作られたＭＤＭＡ（エクスタシー）を摂取すると、あの恋した時の「もう何もいらない〜」「あなたさえいれば〜」みたいな気分になり、心が満たされ、たまらなく幸せになってしまうらしい……。

ただし、天然ホルモンは2〜3年続くとしても、この錠剤は数時間しか効果がない。その魔法が切れた時に驚くことがあるそうなので、どうぞお気をつけて。

私は、若い頃にこの種の天然幸福ホルモンを放出しすぎたのか、最近は素敵な男性にお会いしても、もうそのホルモンは全く出ない。

老人性鬱でも始まったら、このMDMAはぜひ試してみようと思っている（合法になっていれば、だが）。実際に、うつ病治療薬として、MDMA研究が始まっている（https://www.nikkei.com/article/DGXZQOUC197IN0Z10C23A5000000/）。

現時点では、日本では厳しく禁止されているわけだが、大麻草やこうした薬物を規制して犯罪化することが、果たして正しいことなのかどうか、私は疑問を持っている。

「ダメに決まっているだろう」という声が聞こえてきそうだが、危険か危険でないかの線引きはとても曖昧だ。合法化されているものでも、副反応や相互作用（薬の飲み合わせ）、長期的な結果などがわからないことも多いのではないかと思う。

たまたま、これまで自分が重篤な被害を被っていないだけで、ジワジワと薬やサプリメントの依存症になっているのかもしれない。

だから、自分の健康のためには、政府やメディアのいうことを鵜呑みにしないで、自分で学ぶ、調べるということはとても大切だと私は思っている。

薬物について考える時に大切なのは、それぞれの物質がどのように私たちの脳や肉体に変化や影響をもたらすのかを、自分でしっかり認識すること。そのうえで使用することがとても大切だと思う。

今まで、私たちはＷＨＯ（世界保健機関）、厚生労働省、医師のいうことを信じて疑わないでいた。しかし、私は今大いに疑問を持っている。

戦後、〝麻薬＝人間やめますか？〟というイメージを刷り込まれてしまった私たちは、麻薬に関する話については、「自分には関係のないこと」と、すぐにシャッターを下ろしてしまったり、悪者扱いしてしまう。特に、日本人はそういう傾向にあると思う。

善悪で判断するのではなく、この世界に存在するものとして有効利用できないか、という目線も、ぜひ持ってみたらどうかと私は思う。

オーストラリアなど、マジックマッシュルームやＬＳＤを治療のために使い始めている国も出てきているのが現実だ。

健康で幸せに一生を過ごしたい、人生の探究を深く掘り下げていきたいと思う人には、幻覚剤ですら良薬として使えると、今、世界では研究が進んでいる。

この本の中では、そんな話もできるだけ紹介していこうと思うので、その辺りに拒否感を抱かず、面白がって読んでいただきたい。

人間はもう一つ、大切な成長ホルモンによっても翻弄されている。

これは親離れホルモンというもの。一般的には反抗期と呼ばれている時期に出る。この時期に親風を吹かせられすぎたり、親に溺愛されすぎたり、親の支配に服従させられたりすると、その反発があらぬ方向に向いたりもする。時折、凶悪な犯罪を犯す成長期のお子さんがいるのは、こうしたホルモンの影響なのだろうか。

私は小学校の時に刻まれたあの出来事「えっ！　我が家は裕福ではないのだ」という刷り込みのおかげで、この思春期ホルモンをうまく利用し、自立するためのエネルギーとして活用できたのかなと思う。

♣満足できないんだよ！

モデルだった時代、オーディションで知り合ったアートディレクターとつきあっていた。

彼の才能と向上心により、彼の作品は海外の近代美術館に保存されるに至った。

才能ある人のそばで過ごした時間は夢のようだった。

初めて旅に連れて行ってもらったのは、ハワイのオアフ島にあるハレクラニホテル。すばらしいホスピタリティーのホテルで、その気持ちよさ、快適さを知る。

ニューヨークで仕事があるといえば、一緒に連れて行ってもらった。

ジョン・F・ケネディ国際空港に到着し、イエローキャブに乗り、ブルックリンブリッジを渡る。目の前にはニューヨークの夜景。ソーホーという場所に芸術家がタムロしていた時代に、いくつかの有名なホテルを泊まり歩いた。

ジュリア・ロバーツのプリティウーマン？　もしくは、殿の寵愛を受ける紫禁城《しきんじょう》の女？

18歳の経験値のない私にとって、この経験で脳内快感物質は大放出なのであった。

そして、彼のそばには大麻が置かれていることがけっこうあった気がする。

何度か吸わせてもらったはずだが、この頃は特に反応をしなかったという記憶しかない。今、大麻について理解したうえで考察するなら、前述の通り、外から取り入れなくても十分に内因性カンナビノイドが足りていたからなのであろう。生きているだけで、箸が転んでもおかしい世代なのだから。

恋をして、大麻も嗜んで、当時のセレブリティーや大人の遊びを共有させてもらった私は、〝なんと幸せなんだろう〟と有頂天になり摩天楼に登った。

こんな話をすると、昔の自慢話をしているようで少し不快に思われる方もいるかもしれないが、「こうした体験が、私の人生を狂わせるきっかけにもなったんだなぁ」と今では思う。

ほんの少し前は、浜松で高校に行っていた17歳が、いきなりこんな経験をしてしまった。両親がお金持ちならばあり得る話かもしれないが、私の家は地方の普通の家庭。ハレクラニなんて言葉はその時まで知ることもなかったし、彼氏にニューヨークに連れて行ってもらうなんて想像だにしていなかったこと。

東京暮らしを始めて数年で手にした至福。素敵なおうちに住み、素敵な車に乗り、おしゃれを楽しみ、食べたいものを食べ、馴染みのお店やホテルなどでもよいおもてなしを受ける。私の脳内報酬系にたくさんの快感物質・ドーパミンが降り注いだ。

もう、知らなかった時には戻れないのである。

ここで与えられた悦びに満足して、感謝して生きる道を選ぶということが、私にはできなかった。

このすばらしき境遇は彼が手に入れたものであり、私のものではない。私自身で、私の成功を手にしたい。この恋の魔法が切れ始める頃、満足を知らない私のドーパミンは、次なる満足に向けて、「もっと！　もっと！」と囁《ささや》きかけてきたのだ。

そして数年後、その夢は果たされた。自分の働いた収入で、リビングが広い高級マンションに居を構え、ベンツを手に入れ、運転手もつけてもらった。

20代、私はよく働いたと思う。

連続ドラマに出演しながら、２時間ドラマの主役も引き受け、その間バラエティ番組にも喜んで出させてもらった。そろそろこの辺で落ち着きを取り戻し、堅実に生きるとか考えなかったのかと、今振り返ると思うのだけれど、相変わらず自分の報酬系にドーパミンシャワーを与えてくれる相手との出会いを期待していた。

この頃になると、税金というものに悩まされるようになる。そういえば、私は社会のシステムや金融、投資などについて学ぶ機会には巡り会えなかった。

そんなことを学ぶどころか、私は脳内報酬系に火を注いでくれる出会いばかりを求め、ひたすらドーパミンがもたらす幸せという幻想を追い求めた。

そしてまた、こんな私を寵愛してくれる人にも出会ってしまうのだ。

テレビの敏腕プロデューサーといわれる人とも恋をして、ミリオンセラーを売り上げる音楽プロデューサーともプチ結婚をしてと、いろいろな経験をさせてもらった。

前者の方には二股三股かけられ、振られましたが……。

後者の方にはけっこうお金を使わせてしまった。この場を借りて無知蒙昧な私をお許しくださいと謝りたい。


20代も後半。さすがに私も、そんな自分が虚しくなってきた。

「いつか私も年を取り、ちやほやしてくれる人がいなくなる」

一度諦めた結婚が、私の頭をよぎった。

17歳で汚れの少ない頃は、「人前で裸になった人などお嫁さんにしたくないだろう」と思っていたわけだが、現実はどうやらそうでもない。あれから何度も求婚された……。まだ子供だってできる年齢。「私も結婚をしてみよう」と真剣に考え始めた。

この頃私は、オスカープロから、Kダッシュという大手事務所に移籍していた。

社長の引き合わせで、初めての結婚を執り行うことが決まった。〝恋の魔法には時間切れがある〟ということを嫌というほど学んだ私は、存在自体から幸福ホルモンのオキシトシンが溢れている優しい人を選んだ。

Ｋダッシュさんは、エンターテイメントの世界でとても大きな事務所なので、結婚式やパーティーは盛大にしてもらった。

夫となった中西圭三《なかにしけいぞう》さんはすばらしいアーティストで、本当に性格のよい優しい人であった。

しかし、私のドーパミン中毒は治っていなかった。私の結婚生活は32歳・前厄《まえやく》で始まり、34歳・後厄《あとやく》で幕を閉じた。

中西さんには本当にご迷惑をおかけしました。よいお相手に恵まれた様子なので、どうか幸せになっていてほしいと思う次第です。

私が何か問題を起こしたりすれば、かつての結婚相手として常に話題にされてしまいます。本当に、申し訳ない限りです私が逮捕された時も、裁判の判決が出るまでも、何度もワイドショーで私の私生活暴きをしていた。

逮捕されたことで、カルマ（業）の清算がすんだということならよいけれど……。

私は私の満足なき恋愛癖、物欲、向上心にほとほと疲れがきていた。

♣恋はなぜ色褪せるのか？

逮捕後に出会った今の主人は、たくさん本を読む人だ。彼に、一冊の本を勧められた。

ダニエル・Z・リーバーマン著『もっと！』（梅田智世訳２０２０年・インターシフト）という本。

この本に出会い、私はとても救われた。

この本では、

「恋はなぜ色褪せるのか」

この疑問を、科学的に説明している。

私たちの脳は予想外のものを希求し、ひいては未来に、あらゆるエキサイティングな可能性が始まる未来に関心を向けるよう、プログラミングされている。しかし、愛であれなんであれ、それがお馴染みのものになったら、その興味は薄れ、新たな対象が私たちの関心を惹き始める。

予想外のよいニュースがもたらすゾクゾクするような快感、期待というワクワク感。それがドーパミンの働きなのだ。この期待のスリルは永遠には続かない。いずれ未来は現実になり、ゾクゾクする神秘は退屈な日常になる。ドーパミンにとって、所有が目的ではないのだから。

この人と結婚できたら、きっと幸せになれる！

しかし、いざ結婚してみると、意外に日常が退屈なことに気がつく……。これは、相手が変わったのではなく、あなたの期待が色褪せてしまっただけなのだ。

情熱は私たちが可能性の世界を夢見る時に高まり、現実に出くわした時に萎む。なるほど、私はこのドーパミンの働きに翻弄されていたのだと。

そして、ドーパミンは未来に対するワクワクした期待に対してだけ、出てくるわけではない。

ドーパミンに善悪はないが思慮深さもない。ドーパミンが求めるものは「もっと」という刺激なのであり、倫理なんかではない。

生き残るためには競走に勝たなくてはいけない。食糧や競争相手（報酬？）を手に入れるために、勝ち抜かねばならない。

競走に勝てばドーパミンが放出される。応援するサッカーチームの勝利に興奮する。試験に勝ち抜けば優越感という快感物質が出る。ネット内で自分の知識をひけらかし、マウントを取り、悦に浸る時は快感物質が出ているのだ。そしてもっと多くの勝利、いいね！が欲しくなる。

この性質を理解したおかげで、〝繰り返される出会いと別れをやめられなかった過去の自分〟を責めないですむようになった。

ミック・ジャガーも、代表曲『Satisfaction（サティスファクション）』で、「満足できないんだよ」「何度も何度もやっているのにさ」と歌っていましたね。

ちなみに、彼は満足できずに、４０００人くらいの女性とつきあったそうです。

話は離婚した2000年の頃に戻る。

さすがの私も、離婚後、心底悩んだ。なぜ繰り返し同じことをしてしまうのか？

恋愛ももちろんのことだが、私の引っ越し癖も異常だった。大抵の賃貸マンションは2年ごとに契約更新があるが、その頃の私は、契約更新を待たずに引っ越しをすることが多かった。

その都度、インテリアを丸ごと変える。その都度、手に入れたお部屋で「幸せ〜」となるが、結局恋愛と同じ。時が過ぎれば色褪せて見えるのだ。

この頃の私は、その原因が、「ワクワクを欲する私のドーパミン中毒であった」、などという理解に至ることはなく、ただただ「幸せになりたい」という報酬を求める迷路の出口が見つけられないでいた。

第3章　自分探しの旅

♣北欧編

「自分探し」が、バブル経済の崩壊後、「失われた30年」が始まったあたりの時期に、女子の間でブームになった。

ひたすら消費を続ける自分に疲れを感じ、「その先にあるものは？」と考えると、「このままでよいわけはない」というところに辿り着く。

しかし、「その先どうしたいのか」という明確なビジョンはなかった。

そんな私に、旅番組のガイド役の仕事が回ってきた。20代後半だったかと思う。

この旅番組の話は私の人生の目覚め、転機になった経験として、けっこういろいろなところでお話ししてきている。

それは土曜の朝の旅番組『旅サラダ』。「マンスリー」というコーナーがあり、1ヵ月ごとにさまざまなタレントさんが海外の旅をする。そのメンバーに選ばれた。今に比べれば、まだまだ日本の景気のよい時代だった。私は、番組の企画者だった敏腕女性プロデューサーに気に入られて、すばらしい経験をたくさんさせていただいた。

初めて連れて行ってもらったのは、冬の北欧フィンランドの旅。

ホテルにチェックインしたのは夕方だったと思う。その時は既に暗かった。

冬の北欧は白夜の反対、黒夜になる。

朝、太陽を拝めるのは午前10時過ぎ。太陽が上り、地平線を這うように移動し、あっという間に沈んでしまう。

早めの食事をすませ、シャワーを浴びてベッドに潜り込む。長時間のフライトのせいか、あっという間に眠りに落ちた。

早く眠りすぎたせいで、翌朝は明け方4時頃に目が覚めた。日本にいれば、空が白んでくるまでにあと2時間くらいだけれど、そこでは6時をすぎても8時をすぎても明るくならない。

その日の仕事は昼から。なかなか明るくならない部屋の中で、時の過ぎゆくのを待った。

いくら眺めても明けない空を眺め、「1日のうち太陽の陽差しに当たることができるのが4~5時間しかない。そんな地域があり、そんな人たちがいるんだな」と、環境の違いを体感して衝撃を受けた。太陽がない空間に、私はかなり気が滅入った。

ノルウェー出身の画家、ムンクの叫びを思い出した。何かとても奇妙な絵という印象があったが、雪や氷に閉ざされ、なかなか夜が明けない闇の世界に来て、なんとなくあの絵の感じが理解できた。

ヘルシンキの街は、フランスのパリやイギリス、スペインのように華々しいものではないが、北欧の石畳の風景は美しかった。


番組の通訳兼コーディネーター・Yさんは、私と同い年の敬虔なクリスチャンの青年だった。カメラマンや監督を乗せた車と、私とメイクさん、そしてコーディネーターのYさんが、2台の車であちこち回る。

私の語学能力は貧弱な限りだが、通訳をしてくれた彼の日本語はとてもすばらしかった。年が同じということもあり、まるで違う環境に生きる人との情報交換は、とても興味深かった。


ヘルシンキからさらに北へ。北境圏にほど近い場所に向かう。その頃、ブームになり始めていた〝氷でできたホテル〟がその日の宿。〝大きなブロック状の氷を積み重ねて作った氷のお城〟といった造作物は、とても美しかった。それは、ディズニー映画の幻想の世界に舞い込んだようだった。

そして、北極圏に住んでいる、サーミという先住民の生活を経験させてもらった。凍った湖を小さく砕いて釣り糸を垂らして釣りをしたり、犬ぞりに乗せてもらったり。

最近、日本でもサウナがブームだが、北欧ではかなり以前からサウナが有名だ。薬草を使い、サウナの中で蒸される。「これ以上我慢できない」と思う頃、なんと湖の水の中に飛び込む！　外気温はマイナスだ。

健康によいのかどうか心底迷ったが、「これは仕事だからやるしかない」と、冷たい水に飛び込んだ。

話は急に飛ぶが、ヴィム・ホフ・メソッドをご存じだろうか？

このメソッドの開発者のヴィム・ホフは、1959年生まれのオランダ人。〝耐寒〟に関するギネス記録を、20ほども持っている。別名アイスマン。

2014年には、彼と26人の登山経験のない人（がんや、難病を患っている人）たちで、標高5895メートルのキリマンジャロ登頂を目指した。彼らの共通点は、事前にヴィム・ホフ・メソッド訓練をしていたということ。

山頂の気温は、マイナス15度。しかも、全員上半身裸で、26人中24人が48時間以内に登頂した。


彼は20歳の時に、アムステルダムの公園を散歩中に、運河に薄い氷が張っているのを見た。そして「そこに飛び込んだら、どういう感じだろう」と思い、服を脱いで飛び込んだ。彼のエンドルフィン(脳内の報酬系に多く分泌する神経伝達物質)の波が全身を駆け巡った。ほんの1分ぐらいの出来事であったそうだが、それはとても気持ちがよく、すばらしい気分だったという。とても長い時間だったように感じられたそうだ。

彼の説明によると、人間は生まれながらにして自然の力に太刀打ちできる能力を備え、進化してきたという。私たちの遠い祖先は、ごく基本的な履き物や、動物の皮で作る上着だけで、果てしなく広がる極寒の山脈を越え、灼熱の砂漠を進んだ。

テクノロジーのおかげで、現代人はより快適に暮らしているが、基本的な生理メカニズムは変わっていない。現代人の失われた潜在能力を引き出す鍵は、私たちの祖先が直面したであろう過酷な体験を再現することにある、と彼は言っている。

科学者たちの間に、興味が広がった。

では、いったいどんな訓練をするのか？

それは「コールドトレーニング」と「呼吸」「瞑想」

コールドトレーニングでは、氷水の中に入るという過酷なことをする。寒さの中に身を置くことで、体の免疫システムを強化し、病気に対抗する力を高めることができるようになる。生理的炎症を減少させ、脂肪代謝を促進するという。

そして、それはメンタルを鍛えることにも役立つそうだ。

そこで必須なのが、呼吸法も取り入れることだという。

チベット仏教の上級瞑想法である「ツンモ瞑想」を行う僧や、ヒマラヤのヨガ行者などは、驚異的な体温調節法を習得しているという研究報告がある。特殊な呼吸法を行うことにより、体内の酸素と二酸化炭素のバランスを狂わせ、体のエネルギー工場であるミトコンドリアが、さらに多くの酸素を取り込もうと働く（ＡＴＰを作成）。このＡＴＰが免疫細胞を活性化させ、免疫力を強化するということだ。

他の研究者らは、「ホフの能力の高さは、ミトコンドリアという細胞が豊富に存在している褐色脂肪細胞に、秘密があるのでは」と考えた。

生まれて間もない赤ちゃんが、大人ほどの筋肉がないのに寒さに耐えられるのは、この褐色脂肪細胞のおかげという。普通は、この褐色脂肪細胞は幼年期に多く、徐々に減少する。かつて、過酷な時代を生きていた人類は、褐色脂肪細胞が多かったのではないかとのこと。私たちが食べたものは白色脂肪（体内の大部分を占める脂肪組織）に蓄積され、いざという時だけ燃焼される。

ミトコンドリアは長寿や健康、アンチエイジングの鍵であると最近ではいわれている。興味ある方は、『ＩＣＥＭＡＮ』（ヴィム・ホフ他著・小川彩子訳・２０１８年・サンマーク出版）、『サバイバルボディー』（スコット・カーニー著・小林由香利訳・２０１８年・白水社）などをぜひ読んでみてほしい。

この本（『ＩＣＥＭＡＮ』）に出会って確信できた。〝サウナのあとに氷の中に入る〟という風習は長寿や健康のため。危険ではないし、根性比べでも、我慢大会みたいなことでもなかったのだ。

私も氷の湖に入ったあと、体が熱くなり、脳や体の感覚が研ぎすまされ、スッキリした感覚になったことを思い出す。

そろそろフィンランドの旅も終盤。この旅のフィナーレは1番の目的でもある、オーロラに出会うこと。番組のエンディングのため、ポイントに向かった。

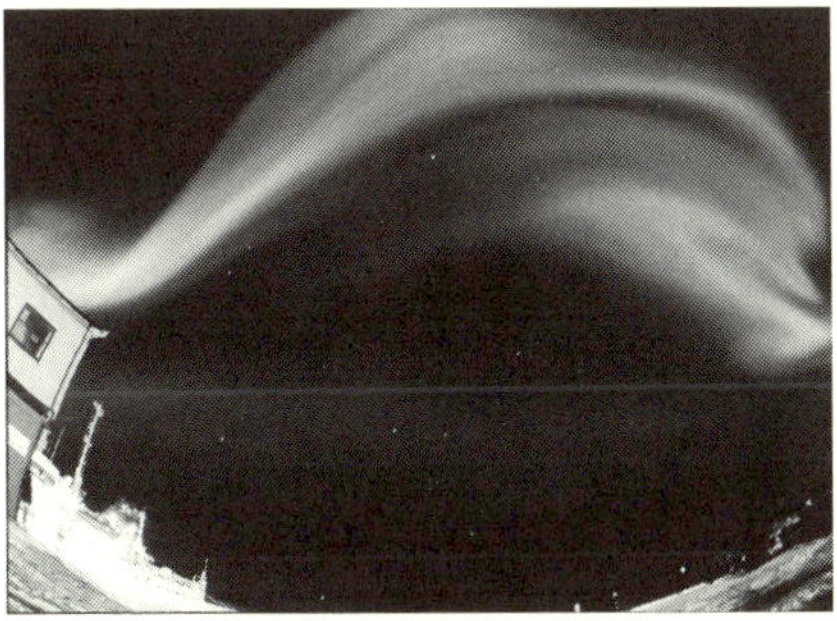
この時はオーロラは見られなかった。上の写真は、後に１人旅をした時のもの

この旅最後にお世話になったホテルの経営者のご夫婦は愛情深い方たちで、お二人の馴れ初めなどの心温まるお話や、地元の料理やお酒を振る舞ってくれた。

最後の夜、日本に戻る荷物を整理しながら、この10日間の出来事を振り返っていた。

ヘルシンキの街に滞在していた時に感じたのは、スッキリした街並みには目に入る情報量が極端に少ないこと。

性風俗のような店は、子供たちが出歩くような場所には一つも見当たらない。コンビニや自動販売機、量販店的なドラッグストアなど、ギラギラした看板の店は極端に少ない。そうした販売店や、駅の売店などでは、風俗的雑誌などがほとんど見られない。

旅の移動中、コーディネーターのYさんと、フィンランドの同年代の生活や、流行っていることなど、いろいろと情報交換をしている時に、心底驚いた。彼は、家族ともども敬虔なクリスチャンであった。「結婚するまでは貞節を守っている」ということを話していた、フィンランドの人が皆そうではないので、誤解なきようになのですが。

私は言葉に詰まった、日本では母の時代ですら、その価値観というか、教えは古臭いものになり始めていたのではないかと思う。

「たった1週間いただけで何がわかるのか？」と思う方がいるかもしれない。しかし、フィンランドはとても閑静で、人も街も汚れのない美しい国であった。


話はオーロラを見に行く車内に戻る。しばらく私は、車外の風景に見惚れるふりをした。氷と雪に輝く北欧で、束の間の太陽に照らされた世界が眩しく思えた。

最後の夜、片づけも終わりベッドに横たわると涙が止まらなかった。

「私も日本も、なんか汚れてるな」

何か、とてつもなく申し訳ない思いが私を包んだ。「ごめんなさい」という気持ちになり、涙が溢れて止まらなかった。

その時、部屋の中にいるのに、光の玉が降ってきた。それは透き通った緑色の光。優しくふわふわ降りてきた。

この時は、夕食に少し飲んだウォッカがちょっと効いていたくらい。幻覚剤だの大麻だのとは全く関係がない。

この出来事の答えは見つけられていない。その手掛かりもない。

でも、確かに私は経験した、幻ではなかった。


今になって思い返せば、〝懺悔《ざんげ》〟ということだったのだと思う。

深い深い謝りの心、素直な心になり、謝る。それは、とても歓喜的な瞬間だった。

「幸せ～」という感覚ではないし、「助かった～」という感覚でもない。曇りのない素直な気持ち。温かく優しく、不安がない安堵した心。心の澱《よど》みが洗い流されたような清々しい気持ちが蘇った。

「おかえり私」という感じがピッタリくるかもしれない。

「神様という存在に出会う」ということでないが、神がかっているとしか思えない出来事だった。この番組の撮影ではオーロラに出会えなかったが、この経験は北欧の美しい景色とともに、生涯忘れられない美しい思い出となった。

際限なく脳に強い刺激を与え続けていくことに悩んでいた私に、一筋の光が舞い込んできた。

「なんかおかしいおかしい」と思っていた日本での暮らし。セレブ気取りで出かけた、ハワイ、ニューヨーク、パリ。そうしたところでは出会わなかったタイプの人たちと、その生き様に触れ、私にへばりついていた幸せや成功という基準や、価値観に疑いを持つようになった。

♣オーストラリア篇①〜イルカセラピー

私が離婚を決断したのは、この旅のあとのことだった。

2000年に離婚をして、住居を東京から伊豆の自然の豊かな場所に移した。

まっさらになって、人生を見つめ直したかった。

そして、都会を離れたかった。

それから1年後、とても興味深い仕事の依頼をいただいた。

〝地球46億年の歴史〟という、日立が単独スポンサーの特別番組だった。

私に与えられた取材テーマは、「イルカは人を癒せるか」というものであった。

取材先は、オーストラリアでイルカセラピーをしている、オリビア。「彼女の〝イルカセラピー〟が、本当に病んだ人の心を癒せるか」を取材するものだった。

シドニーから車で3時間ほどのところにある、ポートスティーブンスという大きな湾に向かった。

オリビアは、ここにイルカセラピーのセンターを持っていた。彼女はアニマルセラピーを学び、精神科のカウンセラーとしても専門の教育機関で学んでいた。イルカに魅せられ、独自の方法でイルカセラピーを体系化し、多くの人を癒していた。

番組の撮影は基本、台本どおりに進んでいく。しかし、この番組は少し違っていた。台本はもらっていたが、通常と違い、現場で起こる出来事に身を委ねるという感であった。

「内容については、その都度説明する」ということ。

なぜなら、自然のイルカが相手だから、どういう流れになるのかスタッフにもよくわからないとのことだ。

センターに集まり、イルカセラピーが始まる。

私のほかに2人が参加することになっていた。実際にセラピーを受けている人たちの中に入れてもらい、撮影をした。

まずはカウンセリング。「あなたは、なぜこのセラピーに参加することになったのですか？」

それぞれが答える。

一人の女性・マリオンはがんの宣告を受け、余命3ヵ月と告知されていた。抗がん剤治療を受けながらの参加であることを告げていた。

薬のせいで髪の毛が薄くなり、体が浮腫《むく》んでいた。撮影されることを少し煩《わずら》わしく思っているようで、「なるべく自分にはカメラを向けないでくれ」と険しい顔で話していた。

もう一人は、T・J君。中学生の男の子で、〝自分の母親にナイフを突きつけられる〟という虐待を受けており、祖母と一緒に参加していた。

私は特に困っていることはなく、「このプログラムで自分がどう変わるか楽しみである」ということを告げて、セラピーがスタートした。

それぞれが、画用紙に好きな絵を描いた。「今、思い浮かんだことを書いてください」とのことだった。T・J君は、母親と揉めてナイフを突きつけられた、現場の絵を描いていた。

その後、医療器機でそれぞれの脳波を測定した。「最後にまた計測をして、どう変化するか見てみましょう」ということだった。

ホテルの一角に用意された桟橋に、10人は余裕で乗れるサイズのヨットが準備されていた。セラピーを受けるメンバーと、撮影スタッフが船に乗り込み、セラピーと撮影がスタートした。

イルカの出現ポイントの近くでエンジンを止める。風の力で船は静かに海面を滑る。イルカが現れるまでは、それぞれの話に耳を傾けた。

オリビアが、優しくみんなの心の中に詰まっていた苦しみや悲しみを引き出していく。どんなことがそれぞれの暮らしで起こっていたのかを、優しく聞いていく。

私は、次のような話をした。

・両親が離婚をして、17歳で社会に出て、弱音を吐くことができなかった。
・どんなに辛くても、ひたすら頑張ることしかないのかなと思い、頑張ってきた。

・他人に弱音を吐くのは敗者のすること、くらいな感覚があった。
・だから、このセッションが始まる時も、私は特に問題はないといい切っていた。
オリビアは、始終優しい笑顔で相談者の話を真剣に聞いていていた。

「相手にどう思われるのか」を気にせず、思うことの全てを素直に話せることが、こんなに人を安らかな心にする。セラピーという特殊な人間関係の中で、こんな気持ちが生まれたことに、まず感動した。

オリビアの公私共のパートナー・ジョンが、イルカが現れたことを知らせてくれた。全員興奮して、すぐに海に入る準備をした。

水中に入ると、イルカの群れと泳ぐことができた。

イルカからは超音波が出ているという。それは、餌を探す時のソナーの役割だったり、お互いのコミュニケーションに使われたり、求愛のためだったり。私たちには、その違いはわからないが、いろいろな音色が聞こえてはいた。ただ、イルカが現れるとみんなが興奮して、テンションが上がることは間違いがなかった。

オリビアは、〝イルカ酔い〟という表現をしていた。その時は、イルカを見つけると、イルカだ！　イルカだ！　と急にみんなが子供のようになるので、そのことをいっているのかな？　と思った。

カメラに映りたがらなかったマリオンも、イルカを見つけると無邪気になって笑い転げていた。ヨットの中で2泊3日。みんなでご飯を作り、おしゃべりをし、イルカと戯《たわむ》れた。あっという間の3日間。船を降り、お別れの時がやってきた。

初めて出会ったセラピールームに戻り、最後のカウンセリングとシェアが行われた。始まる時と同様に脳波を計測したのだが、明らかに変化が起こっていた。初めに計測した時にはベータ波（通常時、緊張時、集中状態）の領域だったけれども、全員がアルファ波（リラックス状態、目を閉じているような時）やシータ波（眠気を感じている時、瞑想状態）の領域になっていた。

病気になったり、トラブルに巻き込まれたりで、幸福を感じていない場合はきっとベータ波の中に私たちはいる。もしかしたら、電磁波や、人体にいろいろな悪影響を及ぼす波動に触れていることが、体や心に何らかの影響を与えているのかもしれない。

イルカから発せられている波動は、アルファ波やシータ波。その波動を浴びると、私たちもその次元に誘われてしまうのだ。イルカ酔いとは、このシータ派の状態に至ることなのだった。

セラピーの最後に描いた絵は色使いも明るくなり、それぞれの未来への希望が描かれていた。

がんで苦しんでいたマリオンは、「日本で私と同じような病に苦しんでいる人がいて、この番組を見て少しでも勇気を持ってくれたら嬉しい」といってくれた。そしてT・J君は「僕も沙耶さんみたいに、たくさんの人にパフォーマンスを見せて、喜んでもらえる人になりたい」と話してくれた。

私も、なぜ東京に出てきたのか？　なぜ芸能人になりたかったのか？　原田真二さんのコンサートに行き、観客の笑顔を見て、人を喜ばせることを仕事にしたいと純粋に思った時のことを思い出していた。

初めの純粋な目的から、いつの間にか少しずつ変わってしまった自分に気づかされた。

芸能界デビューを果たしてから、欲しいものを手にしてきた。やりたいことも自由にできるようになった。でも、いつも心の中に埋まらない穴を抱えてきた20代であった。

マッチ売りの少女がマッチをすり、炎の中に夢を見る。あっという間に消えてゆくその夢。

あのマッチの炎は、まるでドーパミンの刺激のようなもの。新しいマッチに火をつけても、心から満足することはできない。その夢は、ほんの束の間の幻なのだ。

これまで時折感じていた虚しさの正体が、少しわかった気がした。

会場いっぱいのたくさんの人を笑顔にしたい！　という私の昔の夢とはまた違うやり方だが、オリビアの行っていることに感銘を受けた。マリオンも、T・J君も私も、明日からまた希望をもって人生を過ごしていける。

そんなふうに、他人の人生をサポートし、軌道修正させてあげたり、勇気を与えたり、病を癒してあげたりできる生き方が素敵だなと思った。そして、この出会いをいただけたことに深く感謝をした。

♣オーストラリア篇②～ドリームタイム

この番組は、本来オリビアとイルカセラピーがメインだったのだが、もう一つの取材が用意されていた。そこからの取材は全く台本がなかった。「その都度、指示をするのでよろしく」という話だった。

ただ、先住民のビルと会うとだけ告げられた……。

彼の住むエリアに向かうため、車で夜の移動となった。周りは闇の中、どこに行くのか、何をするのかもわからなかったが、なぜかワクワクして眠れなかった。

モーテルで仮眠。そして早朝、ビルとの出会いのシーンから撮影が始まった。

打ち合わせもなく、カメラが回り始めた。

「初めまして」と彼の瞳を見ると、吸い込まれそうな深い深い瞳をしていた。大袈裟に聞こえるかもしれないが、宇宙が広がっているような……。

目を合わせたあと、挨拶のハグをする。ハグといえば、普通は胸を合わせ、一瞬抱き合うくらいだが、彼らのハグは長かった。最初は戸惑いを感じたが、ビルの胸に体を委ねた。するとしばらくしてビルの心臓の鼓動を感じた。二つの鼓動が一つになる、そんなことを感じた時、ビルは体をスッと離した。

その後、彼の家族を紹介してくれた。もちろん挨拶は、さっき行ったのが正しい礼儀だった。出演の私だけでなくスタッフも全員同じことを行ったのだ。台本がない理由がこの時よくわかった。

その頃、私はカメラに興味を持ち始めていて、一眼レフを持ち歩いていた。この経験をカメラに収めようとカメラを取り出した。でも、カメラが全く動かない。電池は取り替えたばかりだった。どうしても、全くダメだった。

これは、「この出会いと、これから起こることに集中しなさい」という合図かなと思い、カメラをスーツケースにしまった。

ビルは、自分たちの子供たちにするように、私たちをいろいろな場所に連れて行ってくれた。

彼らの居住してきた、森の中にも連れて行ってくれた。

その森は、日本の森のように、〝杉がたくさん生えている、木々に覆われた森〟とは、まるで違う環境であった、乾燥地帯であり、ユーカリなどの大きな木が適当な距離を保ちながら育っている感じで、あとはブッシュといわれる低木などがある草原のような場所だった。

乾燥地帯の植物には棘《とげ》があるものも多く、歩く際に注意が必要だった。

そんな森の中を歩いていると、大きな岩のある場所に到着した。そこには、赤茶けた色の絵が描かれていた。

彼らは子供たちに教育する時、教科書などは使わない。口伝《くでん》であったり、行動を共にしながら経験という形をとったりして、生きる術や知恵を教えていく。それは、とても原始的なイメージがあった。

その岩に描かれていたのは人のように見えたが、股間に大きな頭のようなものが描かれていた。これは性教育をする際に、子供たちを連れてくる場所らしい。

ビルは物語を語り始める。

「人間には考える頭があるけれど、もう一つの意思を持った頭が下にもある。下の頭に従い過ぎるのはとても危険なことなんだよ」と、〝下の頭の欲望にまかせてはいけない〟ことを話して聞かせる。他の場所には、大きなカエルの形に見える石がある。そこで、〝欲張りな男が神様の怒りに触れ、石にさせられた〟話をしてくれた。

ブッシュの中を歩きながら、綺麗な花が咲いていると、そこでしばらくたたずんだ。「いい匂いがするね！　なんて綺麗な白い花だ！」「これはなんという花ですか」と聞くと、しーっと口に指を当て、「それを見て」という。

しばらく、ただ時が流れる。そして、言葉を発せずビルは歩き出す。ブッシュを駆け抜ける風が突然吹いてくる。また立ち止まり、「風を感じろ」という。鳥の囀《さえず》りに耳を傾け、蝶の羽ばたきに集中し、拾った鳥の羽の感触を肌で感じたり。ビルは常に、多くの言葉を使わなかった。

また歩き出し、そこにあるいろいろな自然を観ること、聴くこと、触ることを楽しんだ。夕方になると、ビルと彼のファミリーで焚き火の用意が始まった。昼間の間に捕獲したオオトカゲと、倒木の中で見つけた虫の幼虫がディナーだった。

トカゲは鶏肉のようだったし、幼虫は魚の白子のようで意外と美味しかった。ガーリックバターかわさび醤油があれば、さらに美味しかったと思う。

食事のあとは、みんなが〝鳥〟になって火を囲み、ダンスをした。

私にとっては、番組で訪れた観光アトラクションのようではあったが、ほんの少し前は地球上にこうして暮らしていた人がいっぱいいたはずだ。日本でも、縄文時代はきっとそのようにして生きていたと思う。北海道のアイヌや東北のマタギなども、同じように暮らしていたのだろう。そう思うと、「私たちの生活文化はすごい速さで変わっているのだ」と思った。

次の日も、ブッシュの中を歩いて回った。水の流れのある場所にたどり着いた。膝下くらいの浅瀬に、ビルは裸足で入って行った。私にも、〝来るように〟と手招きをしたので、そろりそろり彼に近づいた。

低木の木々しか茂っていない、日陰のない道なき道を歩いてきたので、沢の水が疲れた足元を心地よく冷やしてくれた。

すると、ビルが川上のほうから指を差しながら、水の流れを指で追いかけ、私の足元を指差す。私はその指先を目で追い続ける。その指がビルの足元に向いた途端に、電気が流れたように、私とビルが水を通じてつながったような、不思議な感覚に襲われた。

ブルっと身震いが起こった。そして、ビルと私だけではなく、周りの自然ともつながり始めた感覚に襲われた。境目が曖昧になり、空気や水を通して私たちはつながっているという強烈な実感を抱いた。

私は、アメリカのネイティブ・インディアンや、南米の先住民の話などが好きで、よく読んでいたので、こうした例があることは知っていた。そのなかで、一番印象的なストーリーは、ジェームズ・レッドフィールドの『聖なる予言』や、アメリカの女優さんのシャーリー・マクレーンの自叙伝、『アウト・オン・ア・リム』（いずれもKADOKAWA）だ。

そこに出てくる、メディスンマンやシャーマンという人たちは、現代人がなくしてしまった超能力を持ち合わせていて、奇跡と思わせることを起こして見せた。

ビルも、まさにそうしたシャーマンのようであった。


オーストラリア先住民・アボリジニの人たちは、〝ドリームタイム〟という世界を共有している。

その世界観には、現在・過去・未来という時間の概念がない。意識と無意識の境界線はなく、全ては一つ。森羅万象、覚醒と睡眠、生と死の間で、出現と消滅を繰り返しているという。

つかみどころがなくて少し難しいかもしれないが、もしかしたら般若心経のような世界観かもしれない、空即是色、あるようでない、ないようである世界観。現代科学でいえば、量子力学の世界。

ビルは、私をこのドリームタイムの中に誘ってくれたのだと思う。けれども、どうしたらそんなことができるのか、まるで催眠術にかかったようだった。もし、もう一度会うことがあったら聞いてみたい。

ドリームタイムから現実に戻り、少し休憩を取り、丘に腰掛けて話をしていると、突然ビルが嗚咽を始めた。どうしたらよいかわからず、暫《しば》し黙って彼を見守っていたが、少し落ち着くと「友人が死んだ」とだけ私たちに告げた。

その日の夕食時、ビルの家でご飯をご馳走になっていたら電話が鳴った。「友人が亡くなった」と、その家族からの報告電話であった。亡くなった時間を聞くと、ビルが突然泣き出した頃のことだった。

意識の世界では、既に友人はビルに報告していたのだった。

私たちも、〝ふと思ったことが、実はとても大切なメッセージだった〟と気がつくことがあると思う。日本では〝虫の知らせ〟と表現していることなのかもしれない。それは「特別な人だけが持ち合わせている才能でなく、生き物には備わっている能力であり、ただ現代人は忘れてしまっているだけなのではないか」と、あれから思うようになった。

今でもこうしてビルを思い出すと、「きっとこの気持ちを感じて、喜んでくれているのだろう」と思えて、とても嬉しい気持ちになる。

〝イルカは人を癒せるか〟という今回の取材で、なぜビルのパートを加えることになったのか。実は、オリビアのセラピーが行われたポートスティーブンス湾のイルカは、いつでも出会えるわけではないとのこと。それで、イルカに会えなかった時のことを心配したスタッフに、オリビアが「イルカとコンタクトできるというアボリジニの方がいるから、ご紹介しましょうか？」と教えてくれたことから、ビルの出演も決まったそうだ。

その後、ロケハンでビルに会った監督が、ビルのことにとても興味を持ち、彼にも出演してもらうことを決めたという。

さあ、いよいよ〝ビルがイルカを呼ぶ〟撮影をする日になった。

湾に流れ込む川の河口が撮影の現場となり、用意された2艘の手漕ぎボートに乗り分け、時を待った。ビルは、ボートの上から意識をイルカに向けて送り始めた。20分が過ぎ、30分が過ぎ、40分、50分……そろそろ1時間。さすがにイルカには思いは届かないのかと皆が諦めムードになった時、ビルの息子や孫たちが騒ぎ始めた。遠く湾のほうから、こちらに向かってくる黒い点が見えてきた。それはどんどん近づいいてきて、波間に黒い三角のものが見え隠れし始めた。

「イルカだ！」「イルカがきた！」

イルカはどんどん近づき、河口から上流のほうにまで入ってきた。7～10頭はいたと思う。

子供たちは、歓喜の声をあげて川に飛び込んだ。私も飛び込んだ。そしてビルも……。

全員、イルカ酔いどころか、歓喜のるつぼだった。

大漁の網の中の魚のように、イルカも私たちもその場を離れずみんなと泳いだ。そして笑っていた。

ビルも大声で叫んだ。息子さんも大声で叫んでいる。

「ビルはカナヅチなんだ!!」

ビルは、一足早くボートに引き上げられた。

みんなの笑いは、なかなか収まらなかった。

ビルも家族も驚いていた。

「イルカが川を上ってくるなんてありえない！　奇跡が起こった!!」

ロケの最終日、ビルと長男が〝自分たちの大地に神様が降りてきた〟という場所に案内してくれた。

そこは少し小高い丘の上で、遠くの大地まで広々と見渡せた。

岩の上に案内され、「あなたは、自分がどこからきたのか、何をしにきたのか、どこへ行こうとしているのか？　そう考えながらここに座って」と座らされた。息子さんは、アボリジニの男性だけが奏でてもよいとされる、〝ディジュリドゥ〟という円筒形の楽器を、私のために奏でてくれた。

何をするにも、時間をたっぷりと取る。その頃はまだ、時間や結果というものに支配されていた自分には、とても長い時間、座っていたような気がした。少し、眠気が私を襲ってきた。

心地よく空を飛んでいるような感覚。鳥になったように、渓谷を羽ばたきせずに滑空して舞い降りるように……。ビルと過ごした時のいろいろなことが、走馬灯のようによぎる。綺麗な花を見たり、匂いを嗅いだり、水の中でドリームタイムを経験したり、鳥の囀りを聞いたり、鳥になって踊ったり……。

突然私は、肉体があることのすばらしさを感じ、暗闇のトンネルから、まるでお母さんの子宮から外の世界に飛び出たような、何かが閃いた感じがした。

「その瞬間、目を開けていいよ」

ビルがささやいた。

「何を感じた？」

私は、3歳の無邪気な子供のように、

「生きてる」

そう叫んだ。私の瞳からは涙があふれていた。


ビルは優しく「You've never lost」といった。


失わない……

迷わない……

肉体を持ち、いろいろなことを感じることができる。なんてすばらしいこと。

綺麗なものを見られる目があるということ。美味しいものを感じる味覚があること。心のうちを話せる口があること。素敵な音を聞くことができる耳があること。暖かさを感じる感覚があること……。

肉体というものがあるからこそ、感じることができる全てのこと、当たり前で忘れていたことへの深い感謝に満ち溢れた。

ビルは、「地球は、今生きている人が十分に食べていける豊かさを用意してくれている。だけど、誰かの分まで抱え込んでいる人がいる。そして、誰のものでもないものを独り占めしてお金儲けをしている。分かち合えば、足りないものなんてないんだよ」

親からも、学校からも、国からも、メディアからも学んだことのなかったこと。

ありがとうビル。私はもう迷わない、失わない……と思った。その時は……。

フィンランド、オーストラリアと旅する中で、「日本という極東の小さな国で、そこで与えられた情報だけを生きることの参考にし、その中だけで思考し、選択しようともがいていた自分は鳥籠に入れられていた小鳥のよう」に思えた。でも、「その籠には、鍵などかかっていなかったのだ」ということにも気づいていた。

この頃になると、それなりに貯金も増え、長めのお休みを取ることも可能な状況になっていたので、もっと世界を見てみたくなった。

まだ先住民が暮らしているような場所に行き、そこで彼らが地球のその地域とどう向き合い暮らしているのか自分の目で見て、体験がしたかった。

♣先住民を探して

アメリカでは、1960年代に〝フラワー・ムーブメント（既成概念を否定し、愛と平和を訴える運動）〟という現象が起こっていた。

ベトナム戦争が激化していく中で、反戦運動や人種の権利に関する問題意識が高まり、ビートルズやジャニス・ジョプリンなどのミュージシャンや、アンディ・ウォーホルなどの文化人やアーティストらが活動した。1969年に行われたウッドストックは、40万人を集める歴史的イベントになった。

ホピの予言をご存じだろうか？　北米の先住民・ホピ族の間で語り継がれている予言のことである。その中に、「長い髪の人が私たちのところにやってきて、自然と共存する知恵を学びにくるだろう」という話がある。

実際に、ビートルズはインドを旅してヨガに興味を持ったり、東洋の文化に興味を持ち始めたりした。インドのヨガの聖地・リシケシは、ビートルズなどが訪れることで世界的に有名になった。ジョン・レノンの『イマジン』の歌詞を読むと、その時代の空気を思いっきり感じることができる。『想像してみて　天国なんてないのさ～君もいつか仲間になってくれたら～そして世界は一つになるんだ』

彼は大金持ちになった。地位も名声も獲得した。世界の頂点に上り詰めた彼が見たアメリカは、どんなものだっただろう。彼は多分、今、私たちが知り始めた世界のカラクリに気がついたんだと思う。私たちより少し早く。

「世界は狂人によって支配されている」

殺される前のインタビューで、こういい残している。

このフラワー・ムーブメントは、反戦、愛と平和がスローガン。市場主義社会のおかしさに同調できない若者が起こした活動だった。

その次世代の子供たちがスティーブ・ジョブスなど。彼らも新しい革命を起こしている。

最近は、日本でもとても面白い感覚の若い方たちが台頭してきている。

ブームは、日本にたどり着くまで少し時間がかかるのがいつものお話である。

この頃は、ヒッピーの間でマリファナやＬＳＤなどが、隠された箱から取り出された時期でもある。彼らは戦争に駆り出された。戦地によっては、国から覚醒剤を支給されたこともあったようだ。そして現地では、罪のない人を殺すという任務を負わせられる。やらなければやられるという状況に追い込まれるのだ。

その惨状を経験すれば、精神をやられてしまうのも無理はない。その癒しに、マリファナやＬＳＤは功を奏した。

そして、現在では研究が進み、マリファナは本格的に医療に取り入れられＰＴＳＤ（心的外傷後ストレス障害）や鬱などの治療に取り入れられ始めている。

マイケル・ポーラン著の『幻覚剤は役に立つのか』（亜紀書房）は、とても興味深い本だ。Netflixでも、『心と意識と：幻覚剤は役に立つのか』というマイケル・ポーランのドキュメンタリーシリーズが配信されている。

私の旅の話に戻ろうと思う。

次に選んだ場所は南米エクアドル、そしてアマゾンのジャングル。

エクアドルの首都・キトは、世界で2番目に高いところにある首都で、赤道直下に位置している。さぞかし暑いだろうと思うと、標高が２８５０メートルもあるので、一年中避暑地のような気候だ。スペイン統治時代の建物が残り、ヨーロッパのような街並みを作っている。

アラスカからアルゼンチンまでをつなぐ、パンアメリカンハイウェイを走り、コトパクシ山に足を運んだ。

スペインに統治される前に住んでいた民族はインディヘナといわれている。移民の白人との混血の人たちはメスティソといわれている。

地元の人は、日本の田舎にいるおじさん、おばさんという感じで、馴染み深い顔や体型の人たちばかり。高山の紫外線は強く、日に焼けた肌と深く刻まれたシワの笑顔がたまらなく人なつっこい。

私はそれまで標高２８５０メートルのキトに滞在していたので、「高地にはもう慣れているだろう」と特に注意を払わず、標高５８９７メートルの〝エクアドルのフジ〟と呼ばれるコトパクシ山に登った。ガイドのおじさんは、その環境に慣れているのでぐんぐん身軽に山を登っていく。ひんやりした気持ちのよい空気の中、私もカメラを片手にあとを追いかけた。そしてその夜、山小屋で大変なことになってしまった。

高山病になったようだった。激しい頭痛と吐き気、そして全身の血液が炭酸になってしまったような感覚。「朝まで待って下山しよう」ということになったが、血管がどんどん膨れ上がって爆発しそうなくらい。あまりの苦しさに、一晩中眠れなかった。

あとで知ったことだが、実はかなり危険なレベルだったということだ。

アンデスの山に住む住民の中には、土壁の家に住み、土間で山羊などと共生している人たちもまだいたが、街に近い観光地には、おしゃれな店ができ始めていた。

ここでは、昔からの生き方を続けている人たちがいるような場所には辿り着けなかった。

この数年前、ペルーの日本大使公邸が占拠された事件（1996年12月）があったようだが、私はその頃は政治には全く無関心であった。ちなみに1ドルは94円（1995年）という時代だったので、この頃は海外にはとても行きやすかった。

エクアドルの旅は、ただの観光で終わってしまった感がある。

その後、私はエクアドルの東に位置するアマゾンのジャングルに向かった。当時エコツーリズムというのがブームになっていた。例えばアフリカでいえば、人里離れたサバンナの中にコテージタイプのホテルがある。料金によりグレードがかなり違うが、高級なところなどは、現地の資材を使いかっこよく仕上げたコテージに、レストラン、カフェなどが用意され、お金持ちのイギリス人がサファリキャンプをしたような世界を、より洗練された空間で楽しむことができる。あるいは、エジプトのオアシスでキャンプをするなど、大自然を快適に満喫しようというエコツーリズム用の施設があちこちにでき始めていた。

エクアドルのキトから、飛行機で40分ほど。山から川の平地に降りるフライトだった。飛行機を降りると、アマゾンのジャングルのムッとした空気にさらされた。標高約6000メートルの空気の薄いところから、多分地球上で一番酸素が濃いであろうアマゾン。空港を出ると、もうそこはジャングル。道を歩き始めてふと気がつく。「あれっ、全然息が上がらない……」「そうか、これを取得するために高地トレーニングをやるのか」

私は全力疾走してみた。

「信じられない～全然疲れな～い」

走っても走っても全く息が上がらない。この体感があまりにも面白く、アマゾンのジャングルをしばらく走り続けた。

その日は、古い船を改造した施設に宿泊。人が入ることを拒む、深い森林の中のアマゾン支流に停泊し、一晩を過ごした。酸素が欠乏していた体に一気に注がれた酸素が、まるで人を陶酔させる薬物のように心地よく、そのまま眠りについた。

私たちの体は、自分の意思とは別に、さまざまな環境の変化に反応する。それは時に気持ちよく、時に不快だが、全ては生き延びるために体が調整してくれているのである。

夜中に揺り起こされ、船のデッキに出ると、辺りの森一面に蛍が飛び交っていた。とても幻想的で、それは『アバター』の世界のようだった。アボリジニ風にいえば、私はまたドリームタイムの中に引きずり込まれた。

川沿いには粗末な木造の小屋のような家が立ち並び、子供たちは裸で駆け回る。しかし彼らの手元にはポテトチップスやコーラがあった。こんなジャングルの中も、物質至上主義に侵食され始めていた。もうここにも、地球の大自然の中で調和して生きている人は、いなくなってしまったのだろうか?

その後、ジャングルの奥深い村の長老に会えることになった。

彼はその日、日本から女優が来ると聞いたかどうかはわからないが、正装をして現れた。

ジャングルに生存する大きなオウムの羽を飾り立てた冠を被り、顔には部族の象徴であることを表現するペイントがされている。アマゾンの森の中に現れた彼は、独特のオーラに満ちていた。

彼は、ジャングルでジャガーを仕留めた話など、武勇伝を話してくれた。

私が、「死んだら生まれ変わると思うか？」と質問すると、「今の自分として、また生まれることはない。大いなる川にまた帰るだけだ」と……。

次に、「天国と地獄はあるのか」と聞いたら、しばらくキョトンとしていた。通訳の方に、もう一度聞いてもらった。

「天国と地獄はあると思いますか？」

おかしなことを聞くな？　という顔をしながら、

「イマ、ココが天国じゃないの？」

といわれた。もうこれ以上、彼に聞くことはないと思った。

自然の中で生きている人たちの全身から溢れ出る生命のエネルギーやオーラが、とても輝いていた。地球のあちこちに住んでいた先住民に興味を持ったが、一つの部落のことを理解しようと思ったら、どれほどの時間をその人たちと費やさなければいけないのだろうかと思うと、それは私の仕事ではないと思い至った。文化人類学の先生方にお任せしよう。

こうして地球のあちこちを巡って帰ってくると、かつて夢見ていた東京も、芸能界も、なんだか私には色褪せて見えるようになってしまった。

私の目的は、〝自分の残りの人生において、地球と共存していることを感じながら生きるライフスタイルを送る〟ということ。


再び東京に帰り、日常の暮らしをしながら思案していた。

東京に帰るたびに、「もうここでの暮らしは、その理想的な未来として相応しくない」ということだけは確信していた。

第4章　ダイビングで世界2位になった！

♣イルカになった私

北欧の旅に出てから、次から次へと新しい出会いと経験をする機会が増えていった。広い海原で身動きできないでいた船の帆に、新鮮な風が入り込んできた。私の乗った船は、滑るように海面を走り出した。

その旅番組で、今度はハワイ島に行くことになった。あくまで観光の旅ではあったが、〝海〟〝ダイビング〟〝イルカ〟が好きな私のため、ハワイ島・コナでのドルフィンスイムがスケジュールに入っていた。

この旅で、私はハワイ島に恋をしてしまった。オーストラリアのイルカセラピーという経験もすばらしかったのだけれど、ハワイ島での海とイルカとの出会いは格別だった。ハワイ島は太平洋のど真ん中。海底から水面までの深さは５０００メートルで、マウナケアは標高４２０５メートル。海底から山頂までは、９２００メートル以上ある。

大陸の沿岸沿いではおよそ見られないハワイ島の海の青さと透明度は格別なものがある。

カイルア・コナ（ハワイ島のコナにある港町）から船を出し、イルカを探す。船を出して間もなくイルカが現れる。船がたくさん停泊している桟橋あたりでは、なかなか見ることはできないらしい。

「歓迎されているな」と、すぐに調子に乗る私であった。

その時ガイドをしてくれた菅原真樹《すがわらまき》さんは、スクーバのダイビングサービスをしていて、当時、フリーダイビングにはまっているということだった。

フリーダイビングは、最近かなり盛んになってきているけれども、当時はフリーダイビング用の器材を購入するのが難しく、とてもマイナーなスポーツだった。

このスポーツはジャック・マイヨールという人が世界的に有名にしたものだが、多くの人は『グラン・ブルー』という映画の大ヒットで知ったと思う。

タンクの酸素を使わず、フィン、マスクのみで深海にチャレンジする。まあ簡単にいえば〝素潜り〟というわけだ。

ジャックが凄かったのは、科学者や医者は、人間の海での素潜りは40〜50メートルが限界だとされていた時に、「私はいける気がする」と、医師たちの心配をよそに、前人未到の98メートルに到達したことだ。

♣『相棒』のレギュラーとイルカセラピーの両立へ

真樹さんは、普通のフィンの2倍ほどの長さのフィンを履き、ゆうゆうとイルカと泳ぐ。その姿は美しかった。そして、どうしてそんなに長く潜っていられるのと思うほど、しばらく水中のイルカと戯れていた。

その日の夜は、興奮して眠りにつくことができなかった。

そして私は、「ここに住む」ということ以外の未来の選択がもう見えなくなっていた。

ちょうどその頃、『相棒』というドラマの出演が決まった。『相棒』は、2000年からテレビ朝日の土曜ワイド劇場で単発ドラマとして放映され、人気が出始めており、連続ドラマへの昇格が決まっていた。私は主人公の妻として出演しており、連続ドラマでも引き続き出演してほしいと依頼を受けた。

その時、「私はハワイでイルカセラピーをしたいので、このタイミングでおろさせてほしい」とお願いした。

しかし、水谷豊《みずたにゆたか》さんもスタッフも、「それまでと同じメンバーがよいので、ハワイのこともやりながら相棒もやればいいし、そうできるようスケジュールを調整する」ということであった。

こんなありがたいお話はなく、喜んで受けることにした。

ハワイでイルカと泳ぐため、お客さんをお連れするため、「私も真樹さんのようになりたい」と練習に励んでいた。そんな最中、次の年にハワイ島でフリーダイビングのワールドカップが行われるという情報が入ってきた。

この大会でよい成績を出すことができたら、これからの人生でしたいことのためのすばらしい看板と実績を得られると思い、出場を決めた。

ハワイで行われるワールドカップに出るためには、日本の予選で3位以内に入賞しなければならない！

真樹さんが指導についてくれ、二人三脚でのトレーニングが始まった。

他に、私のこの人生の忘れ難き思い出づくりに影響を与えてくれた女性がいる。日本の女子のフリーダイビング界を立ち上げ、盛り上げ続けていた女性。ジャック・マイヨールさんの愛弟子だった、松元恵《まつもとめぐみ》さんという方だ。

私は松元さんにも教えを請うた。

初めてスタティック・アプネア（プールに浮いて、何分息を止められるかという時間を計測し競うもの）を経験した時、「まずは、どれだけ水中で息を止められるか測ってみましょう」といわれ、プールで計測した。

スタート。

息を止め水に顔をつける。

ストップウォッチが押される……。

静かに目を閉じ、時が過ぎるのを待つ……。

だんだん気持ちが不安になってくる……。

江頭２：５０の顔が浮かんだ。負けてはいられない……。

だんだん胸がヒクヒクしてきた……。

頭がぼーっとしてきた……。

あーだめだもう我慢できない！

プハーと顔を上げる。


えーっ。その時間、わずか40秒。

その頃、松元さんの記録は５分ということだった。

「無理〜」と弱音を吐いた。

松元さんは、本来ならライバルになる私に、上達するまでいろいろなことを教えてくださり、トレーニングにもつきあってくれた。

何度も息を止める練習をし、フィンをつけて泳ぎ込む練習をした。

まずはプールで平行潜水。25メートルまで潜水ができるようになり、50メートルまで潜水ができるようになり、息ごらえも少しづつ長く止められるようになってきた。

日本で基本的なことを松元さんから学んだあとは私はハワイに行き、大会に向けて本気のトレーニングを開始した。

まず、長く呼吸を止めていられる体作りをしなければいけない。陸の上ではヨガの呼吸法を取り入れた。そして、水中でのトレーニングは基本的に海ではなくプールで行う。

初めは、息止めのタイムを計する。そして、さまざまな呼吸法を取り入れた潜水訓練を行う。

50メートルの潜水の後、インターバル（休憩）を3分。また50メートル潜水をして、2分30秒の休憩。休憩は、2分、1分30秒、1分、30秒と短くなる。合計で、50メートル潜水を7回するのだ。これが1セット。15分ほど休憩して、次のセットを行う。プールトレーニングの日は、3セットは行った。

他には、シンクロナイズドスイミング専用の深いプールで、息を吐き切り、重りを持って沈み、息ごらえに耐える……。

陸上でも、〝電柱ごとに息を吸い、次の区間は息を止めてランニングする〟、そんな不思議なジョギングをしたり、東京にいる時も車の中で息ごらえの練習をしたりした。今思えば、〝なんて危険なことをしていたのか〟と反省しきりである。

この時、成瀬《なるせ》雅春《まさはる》氏の著書『呼吸法の極意』（出帆新社）にはとてもお世話になった。フリーダイビングのためだけでなく、ヨガに興味を抱くきっかけにもなった。

〝呼吸を長く止め、冷静な心で深海に入っていく〟という行為は、瞑想に近い。食べすぎていたら、消化するために酸素が必要となり、血流量が増えて心拍数も上がるので、トレーニング前は食事をほとんどとらない。大会に向けて選択した食事は、刺激物なし。カフェイン、お酒、牛肉などはとらない。まるで、ヨギか僧侶のような食生活となった。

そして海中に入る際は、20〜40メートルほど、何度か深度へのチャレンジをする。一気に2〜5気圧の世界へ行って、すぐに戻るこのチャレンジは、〝海の圧力にマッサージされている〟という感じでもある。

一時、〝加圧トレーニング〟が流行ったが、これはナチュラルソフト加圧トレーニングとでもいう感じだ。とにかくこのトレーニング中、体調は絶好調。全身が若返った感じがした。

そして身体だけでなく、精神的にも大きな変化と覚醒が起こった気がする。

♣ゾーンに突入したら不安がなくなっていった

練習を続けていくと、いろいろな節目がある。ある時突然、機能拡張が起こることに出くわす。

プールでスタティック・アプネア（息ごらえ）の計測中、3分が過ぎても全く苦しくなく、〝永遠とそうしていられそう〟な感覚になった。

ゾーン（超集中状態）に突入したのだ。


この経験から、不安というものがどんどんなくなっていった。

水深もどんどん深くまでいけるようになり、大会1ヵ月前には40メートルを超えていった。

私がなぜ、急速に深く潜れるようになったのか。それは、当時ハワイで練習していた仲間が、アメリカチャンピオンのタイトル保持者であったブレッド・レマスターとその友人たちで、レベルの高いトレーニングができたからだと思う。

費やした時間なりに、私の体は深海に適合してきていた。

ハワイの沿岸から遠く離れ、海底まで何千メートルという紺碧の海で潜ろうと、船を出した。

重石をつけたロープを海底に向かい静かに降ろしていく。どこまでも深く青い海。50メートルまでたらしたロープが、まるで釣糸ほどにしか見えない大海。５０００メートル下にあるというハワイの深海の一点に向かい、光の筋《すじ》がオーロラのようにゆらめく。

呼吸を整え、海底に向かい進んでいく。もはや恐怖は克服し、何度も潜りなれた深海に向かう。30メートルを少し超えたあたりでロープにつかまり、体勢を回転させる。ふと上を見上げれば、小さく浮かぶ船が30メートル先に見える。遠くの海面は、銀色に輝いている。私を取り巻くのは真っ青な海。

「グラン・ブルー」

そこに私という存在はなかった。

４気圧の海の圧力と、僅かながらに蓄えた酸素を頼りに、動く心臓と脳みそだけがむき出しで浮いているようだった。体は7割の水分と共に、海と同化してしまったようだ。

ジャック・マイヨールの著書に『海の人々からの遺産』（1999年・翔泳社）がある。その中にある、「深い海に入ると地球と一つになるんだ」という言葉を思い出した。

「あー、彼はこのことをいっていたんだ」

私もあの日、地球の泡粒の一つとして地球と一つになる、宇宙とつながるというような感覚、儚《はかな》さの中にある尊さみたいなものを受け取った。

私の人生のアルバムの中で、一番最後にもう一度取り出すであろう一ページとなった。

♣女優の仕事が競技に生かせた

2002年9月28～29日に、静岡県沼津市井田《いた》で、スタティック・アプネアのワールドカップ予選が行われた。それは、ジャック・マイヨール・メモリアルカップと名づけられた。

ジャック・マイヨールさんに、私は残念ながら会うことはできなかった。私の師匠の松元さんは随分とたくさんの時間を過ごしたという、うらやましいお話をたくさん聞いた。そして、『海の人々からの遺産』の中で、ジャックは日本が大好きで、日本に住んでいたことを知った。

千葉県房総半島の南館山にある、ジャックがよく訪れたという「シークロップダイビングサービス」の成田均《なりたひとし》さんが、ジャックをよく知っていた。私もご縁をいただき、フリーダイビングの大会に出ることを告げると、応援してくれることになった。

日本の海で大会に出るための調整に入った。夏とはいえ、日本の海水はとても冷たく、そして信じられないほど透明度が低かった。プランクトンが多いのも理由の一つではあると思うが、明らかに人間の生活がもたらす何らかの悪影響であるとしか思えなかった。

水深20メートルに達する前に、薄暗く、視界が狭くなった。

冬にはかなり透明度は上がるということだったが、大会が行われるのは9月下旬。海洋の環境は、陸地の2ヵ月前の気温が影響する。大会当日は、まだこうした視界の悪い海に潜ることを想定しなくてはならなかった。

この海に慣れなければ、ワールドカップには行けない……。

気持ちを新たに、成田さんに助けてもらいながら、トレーニングに励んだ。

〝ジャックがしばらく住んでいた〟という古民家に泊まらせてもらった。こんな素敵な出会いや環境に遭遇する機会をいただき、くじけるわけにはいかなかった。

大会では2種類の難関を勝ち抜かなくてはならない。スタティック・アプネアと、コンスタント・ウェイト（海中への深度潜水）。

スタティック・アプネアはプールで行われる。集中力を要するこの競技の会場は緊張感が張り詰め、小さな音を立てることも許されない空気が漂う。なぜなら、この競技はほんの些細な気持ちの揺らぎや思考が、結果を左右してしまうからだ。

私は、この競技が基本的に嫌いだった。

うつ伏せで水面に浮かび、息を止め、ひたすら時間の経過を待つ……。少しでも苦しいと思えばその気持ちは増幅し、give up してしまう。初めての大会で、本番前にどきどきしないはずはない。どう気持ちを落ち着かせたかはもう忘れてしまったが、競技が終わるまでの時間がいかに長かったことか。

一つこれのおかげかなと思うことは、私のしてきた職業、女優の仕事で培ってきた経験である。〝本番に向かい自分を高め、ＧＯの掛け声で最高のパフォーマンスをする、しなければならない〟という仕事のおかげで、決められた時間内に能力を出し切るという訓練をしていたことが、有利に働いたのだろう。

おかげで、4分をなんとかクリア。練習の時点で、充分に予選の上位に入れる記録を出せた。

２００2年9月、いよいよメインイベントである、コンスタント・ウェイトの大会の日が目前となった。

数日前に静岡県沼津市井田の会場に入り、調整を始めた。

井田の海は、千葉の海と同様に流れが強い。もちろん時間帯によってさまざまなのだが、自分が競技する時間に、どんな環境になるかわからない。〝流れが強い海も経験しなければ〟と、千葉で訓練してきた。

大会前日、ありえないことが起こった。その日は、海中にたらしたロープが潮に流されて垂直を保てないほど、流れが強かった。

呼吸を整え、いつものようにエントリー（入水）したが、気持ちが散漫になり集中できない。何度か潜ったが、20メートルにも届かなかった。

前日のトライアルとしては、最悪の結果になった。

私のチャレンジを記録に残そうと、練習を始めた時から撮影スタッフもずっと私を見守ってきてくれた。

ハワイでお世話になった仲間も、大漁旗をわざわざ仕立てて応援に来てくれた。

そんな周りの期待をそばに、私は何となく不安な気持ちを残しながら、当日の朝を迎えた。


フリーダイビングの大会は、〝当日どれだけ深く潜れるかにチャレンジするスタイルは危険〟という考えで、〝事前に申告した深度を潜る〟というスタイルだった。なぜなら、「あいつには負けたくない」という競争心が、この競技に関しては悪く働き、危険な状態に陥る可能性が大きいからだ。


私はこの日、45メートルと申告していた、当時の日本記録は、前年度に松元さんが出した43メートルだった。

当日は天気もよく、透明度も比較的良好。なかなかよいコンディションの大会だった。

私のエントリー時間が来た。45メートル地点にあるタグを取り、無事に浮上した。

判定もＯＫ。

日本記録を塗り替え、その大会の１位を獲得した。

♣世界第2位の快挙

２００2年11月。ハワイ島コナで、ジャック・マイヨール・メモリアルカップ（ワールドカップ）の幕が開けた。日本での予選からほぼ１ヵ月。潜り慣れたハワイの海でのパフォーマンスは、楽しみでしかない。それに私は、世界大会に来られただけで満足だった。

大会専用の大きなカタマラン（双胴船）に移動するために桟橋に行くと、足元に見たことのない魚が泳いでいた。透明な薄っぺらい体に、長い長いヒレが尾を引いていた。それはどう見ても深海魚。竜宮からの使いに私の期待は膨らんだ。

既にスタティック・アプネアでは、自己最高の４分30秒という記録を出せていた。

「何が何でも勝って、ハワイの本戦に出たい」という予選の時と比べて、とてもリラックスしてパフォーマンスに臨めた。

結果は53メートル。日本人女子として、世界2位を獲得できた。もちろん当時の日本記録であった。

表彰台に上がれるとは思ってもいなかった。間違いなく、人生最高の一コマを刻んだ。

私の目的は、フリーダイバーとして記録を更新することではなかった。

イルカと泳ぐ喜びを多くの人と分かちあいたい。そして、自分のスキルを上げ、お連れする際の安全や安心を担保できる人になるためだった。

「これで、臆することなく看板を挙げられるようになった」と、早速ドルフィンスイムなる活動を始めた。

私はオリビアのように精神医学を学んだわけではないので、セラピーはできない。だから「イルカと泳ぐことが、自然に癒しにつながればいいな」と思い、あくまでアクティビティ（体験して楽しむ）をメインとして集客をした。

コナという町に近く、標高1000メートルあたりに位置するカロコの森の中に家はあった。大きなシダの木が茂る森では、満月の夜や夕焼けのひと時は、特にすばらしい光景だった。ハワイといえども、標高が高い場所は、冬には暖炉が必要なほどだった。

標高が同じくらいで、少し離れた場所には、大きなコーヒー農園などもあった。アメリカンサイズの大きな家には、２つのベッドルームがあった。そこにお客さんを泊めながらのエコツアービジネスが始まった。

インターネットが急速に進化していく中で、興味深い情報に人々が刺激され、人気スポットに人がどんどん集まる現象が起こり始めた。そして、アクティビティの専門業者を無視して、自分たちだけでイルカを追いかけ回す人たちが見られるようになった。

アメリカやヨーロッパの社会は、動物愛護にかなり厳しい。海洋アクティビティの規則として、イルカやクジラにこちらからアプローチできる距離が定められていた。しかし、そうした規則を知ってか知らずか、個人的にイルカやクジラに近づく人が増え、規則が厳しくなり監視も強化され始めた。

〝癒されたいから〟といって、人間がイルカを追いかけ回すことに疑問が生まれてきた。

「私は死ぬ思いまでして、修行したのにな～」

そうした人たちや、ライセンスなしに商売をする人たちに怒りも覚えた。しかし、俯瞰してみたら私も同罪だと感じてきた。

いろいろ考えているうちに、その疑問と同時に感じてきたことを思い出した。日本から〝癒されたい〟とハワイに訪れる人を見ていると、共通の闇があるように思えた。私も女優という恵まれた仕事をしていたにもかかわらず、何か埋まらない心の穴を埋めようと、あれこれ悩んできた。そしてハワイに移住し、夢だったドルフィンスイムを始めた毎日は、充分幸せだった。

しかし、私が向き合っているのは、ストレスや心の闇を抱えてくる日本人であった。私はハワイという楽園に家を持て、仕事にも困らず、楽しく暮らしていたが、向き合わなければいけないのは日本で生じた闇だった。

幸せって何だろう……。

相変わらず、『相棒』のお仕事は続けさせていただいていたし、フリーダイビングのワールドカップで2位を獲得したことで、芸能界からのお仕事の依頼も増えていた。

そんな頃、ハワイ州法やアメリカ連邦法が改正され、推奨距離でなく、必須距離として、〝イルカやクジラの45メートル以内まで近づいてはいけない〟という規制が確立された。違反者には、罰が課せられるということだった。

イルカに手が届くほどの距離で泳ぐことは、不可能になってしまった。正々堂々とドルフィンスイムをできないのであれば、そのまま続けても、立場上も自分の精神衛生上もよいことは一つもない。

私は、日本に帰国することにした。

東京で暮らす前に、心の故郷であるオーストラリアに帰ってビルに会い、また一からスタートするための心の準備をしたかった。

♣地球と共存した暮らしとは

2004年、ハワイの生活にさよならして、まず日本に戻ってきた。

東京に戻り、夜の新宿に行く用事があり出向いた。

夜になれば街灯のない、太平洋ど真ん中の島のそのまた深く暗い森に住んでいた私は、新宿駅から歌舞伎町に向かう歩道橋の上でしばらく呆然と立ちすくんでしまった。

明るすぎる……。

地球のエネルギー問題をかなり真剣に考え、自分の使う電気代を節約していた私にはショックが大きかった。

私にできることなんて雀の涙。このエネルギーがどこからきているのか、何を犠牲にしているのか、ほとんどの人は全く考えていないのだろうと思うと切なくなった。

やはり、もう私はここには住めないとつくづく感じた。


日本に帰り途方に暮れた私は、もう一度ビルに会いたくて、オーストラリアに向かった。まず、『イルカは人を癒せるか』という番組で通訳をしてくれた牧野さんに連絡をして、お会いすることになった。

以前はシドニーに住居を構えていた牧野さんだが、引っ越しをして郊外にお住まいだった。以前、番組の撮影中に、「もうすぐ田舎で暮らす」ということをお話していたのを思い出した。

〝パーマカルチャー（持続可能な農的暮らし。permanent+culture→permaculture）〟という新しいライフスタイルをするといっていたが、その頃の私には意味がさっぱりわからなかった。農業に特に興味もなく、話半分に聞いていていたらしく、すっかり忘れていた。

ビルに会うことはやめて、牧野さんのそのパーマカルチャーな暮らしを体験しに行くことになった。

彼女の暮らしは、〝地球と共存するライフスタイル〟という点で理想的だった。国家が与えてくれたライフラインではなく、電気、水道、ガスなど、生活に必要なものは地域のコミュニティと自分たちで賄えるようになっている。

庭にはフルーツの木が植えられ、家庭菜園ができるスペースがあり、自分たちが食べるものを栽培している。鶏なども庭で一緒に生活しており、鶏の餌である草やミミズも自然供給。鶏糞は肥料に使う。豚や、牛を共同で飼って養豚や酪農をしていた。たくましい人たちは、それら全てを自分たちの循環した生活で賄っていた。

既にインターネットが普及し始めていたので、オンラインでできる仕事で収入も得ていた。だから、わざわざ都会に出向いていく必要はなかった。

こうした生活スタイル、持続可能な農的暮らし・パーマカルチャーが芽を出し始めていた頃だった。

このパーマカルチャーは、１９７０年代にオーストラリアで生まれた。ビル・モリソンという大学教授たちが生み出したライフスタイルデザインだ。持続可能な農的暮らしという意味で、生きとし生けるものを大切にし、必要以上に恵みをむさぼらない。しかし、人間としても快適な暮らしがしたい。その両輪をバランスよく保ちながらそれをデザインし、実践していこうという、とてもすばらしいライフスタイルの実験なのだ。

牧野さんの紹介で、マレーニというところでパーマカルチャーをしている、デジャーデン・ゆかりさんを紹介してもらうことになり、そのビレッジに向かった。

マレーニは、オーストラリア・クイーンズランドに位置する。パーマカルチャーの理念のもとに設計された村で、広大な自然と共に暮らすエコビレッジ。

エコビレッジとしてのパイオニア的存在である。そのあたりには、クリスタルウォーターズ、ニンビン、ユードロなどという村や町があり、それぞれの趣向を凝らし、持続可能な暮らしを楽しみながら暮らしている人たちが集まり始めていた。私が訪ねたのは、そうしたムーブメントの割と初期だったと思う。

ブリスベンから、車で2時間ぐらいの山の中にある村に向かう。

初めてお会いしたゆかりさんの笑顔は太陽のようだった。

〝なぜ、彼女がこの暮らしを始めたのか〟というきっかけを話してもらった。

ゆかりさんは神戸に住んでいたのだが、阪神淡路大震災の被害に遭われた。当時はアナウンサーやジャーナリストの仕事に携わり､多忙な毎日だったという。どちらかといえば、セレブで豊かな暮らしをしていたそうだ。しかし、震災に遭い全てが破壊された。家も、私物も何もかもめちゃくちゃ。キッチンにあったロイヤルコペンハーゲンだのバカラのグラスだのは、一瞬で木っ端微塵となった。

一度の地震で全てを失い、何もかもあっという間に壊され、普通に暮らしていた全てが麻痺してしまった都会に佇み、いろいろなことを考えたという。

途方に暮れた彼女は、旦那さんの故郷・オーストラリアに移住することを決めた。

その時たどり着いたのが、自然と調和した暮らし・パーマカルチャーだったそうだ。彼女は、あの震災をきっかけに新しい生き方を始めたということだ。

マレーニでは中古の家を改築し、太陽光や水力でエネルギーを供給して、電気製品やコンピュータも普通に使い生活していた。田舎に引きこもっても、世界の窓・知恵の窓でもあるコンピュータがあることで、孤立感というマイナス面もクリアできる。

鶏やヤギなどを飼い、卵やミルクをいただき、フンなどは土地作りに生かしていた。そしてその豊かになった土で畑を作り、食べ物を自給していた。


同じ集落の人の中には、自分でお酒作りを楽しむ人たちもいた。

こうした集落の人たちが集まる街にも連れて行ってもらった。そこにはＣＯＯＰ（協同組合売店）があり、オーガニックの食べ物が生き生きと陳列されていた。小麦や豆などは、昔懐かしく計り売りされていた。

最近、日本でも添加物に対する意識が高まり、スーパーで売られるものにも無添加という文字を多く見るようになった。しかし考えてみれば、少し前までは世界中、どこでも無添加は当たり前だったのだ。

なぜ今、こんなに添加をしなければいけなくなったかの1番の理由は、大量生産、大量消費の現代の市場主義にある。たくさんの物を作り出すために、栄養補給として化学肥料に頼る農業をする。虫は、バランスを壊した場所に増えるので、虫除けに薬を散布する。草抜きが面倒なので、除草剤を撒く……。

自分の住んでいるところから産地が遠くなれば遠くなる程、腐りやすくなる。だから腐らないようにしなければならず、防腐剤を添加する。

地域から、国、そして世界と市場が広がれば、企業は利益を独占できる。しかし、グローバルな物流のためには、不自然なことをしなければいけなくなる。

こうしたことは、人間の健康を優先するものではない。売る側の都合や、規制を管理する人たちの都合が優先されていくわけだ。いつしか本末転倒なことになってしまっているのだ。

それにいち早く気がついた人たちが、自給自足や地産地消の大切さを見直そうと動き出したのが、こうしたエコビレッジの始まりでもある。

山奥に一人で住んで、自給自足などはできるものではない。時々そんな変人もしくは超人もいるけれど、普通の人にはとても無理な話である。

しかし、こうした同じ意識の人や行動できる人が集まると、苦行でなく、楽しく生活できることを私たちに見せてくれる。

何もかも自分たちでする必要はない。得意なことで、人を助けることもできる。こうした生活をするためには、ある程度いろいろな知恵や経験は必須ではある。

ここで暮らす人たちの考え方が素敵だなと思ったのは、「ゴミという概念をなくしましょう」という理念を掲げていたことにある。

もういらなくなってしまったもの、でも少し前までは必要とされていたものたち。それはゴミではなく、リサイクルというなんか合理的でよいことのように思える言葉でなく、かつて誰かに愛されていたものと名づけようという、「pre loved」という運動をしていた。

♣地域通貨のしくみに感心

もう一つ、目から鱗だったのは〝地域通貨〟なるもの。ここの地域ではコミュニティ内で使われている地域通貨が活用されていた。

日本円で100円が、ちょうど100バニアンという換算。それがみんなの共通認識。貨幣は使われず、〝それぞれが通帳を持ち取引を記載する〟という形である。

現代社会では、商売をする際、許可や認可、免許などを必要とするが、この通貨を使用する場合、誰でも、年齢も構わず通帳を持ち、価値の交換ができる。

・部屋のドアノブが取れてしまった
・草刈りをしてほしい
・街まで買い物に行く人に、トイレットペーパーを買ってきてほしい

これらは、専門業者に頼めば高価なお金を取られてしまいがちだが、「手が空いているからできるわよ」という人はかなりいる。

ここでは、その情報を村のＣＯＯＰの掲示板で見ることができる。現代なら、ネットでコミュニティを作り、簡単に配信やチェックができるだろう。

依頼をした人は通帳にマイナスで金額を書き込む。仕事をした人はプラスで金額を書き込み、商談が完結する。

子供がおばあちゃんの肩揉みをするということでも成立する。とにかく、お互いが納得すれば商談成立で、通帳に記されていく。

銀行のシステムと違うのは、貨幣がない、利子がない、手数料がないということ。

現代のお金のシステムは、成長しないといけないという重荷がある。しかし、この地域通過には縛りがなく、お互いの等価交換があるのみなのだ。そして、もし人から何かをしてもらうばかりで、たくさんのマイナスを作ったうえ、村から逃げ出したとしても、残された村の人は何も困らない。自分たちは、プラスが残っているだけなのだから。

村の中だけで考えたなら、常に0ということなのだ。これこそが平等な世界、そんな気がする。

国や地域でも違うのだろうが、はるか昔の地球はそれが当たり前だったのだろう。世界統一の金融システム。これが、私たちを苦しめている元凶な気がする。

とはいえ、自由に世界を行き来するためには、法定通貨なるものも必要ではある。飛行機にも乗りたいしスマホも欲しい。

まずは、こうした地域通貨を使い始めることで、私たちは新しい学びができるかもしれない。

誰かの役に立てる人間でなければ、通帳のプラスは決して増えていかない。自分の住む地域で直接人の役に立ち、感謝が生まれるというのも、人間関係が希薄になった社会に、熱い血液が流れるような気がする。

マレーニのそばに、ニンビンという村がある。ここはまだ規制が厳しかった時代に、割と自由に大麻草が育てられ、使用などで摘発されることは稀な場所であった。私が訪ねた20年位前は、まだ世界的に大麻解禁ムードは生まれてなく、ただ自由を求めて暮らしたい人が都市から逃れ、田園に囲まれたパラダイスを夢見て集まり始めていた感じだった。のんびりした綺麗な村であったけれど、大麻の規制が緩み始めた今、ニンビンは大麻草で有名になり、かつてとは少し違う雰囲気になっているようだ。

結局、ビルには会わずじまいの旅だったが、ビルから与えてもらった〝地球と共存する〟というミッションのヒントを得られた旅だった。

大地と共に生きる。

私たちが生きていくためのエネルギーや食物を、地球に負担をかけない程度でとどめおき、さりとて不便を感じない〝パーマカルチャー〟に出会い、感銘を受け、日本に帰国した。

私は持続可能な暮らしについて、もう一度、日本のことを調べ直す必要があると思った。

車や石油、流通がない時代の日本は、どんな暮らしをしていたのか？

文明開花の起こる明治以前、日本は自給自足、地産地消は当たり前だった。

しかし、私が生まれた昭和38年には、既にすっかり違う社会に切り替わってしまっていた。だからもう一度、私たちの国で持続可能な暮らしをするためには、過去に戻ってみることが必要だった。


少し調べ始めてすぐに気がついた。パーマカルチャーから学ばずとも、私たちの祖先はそうして暮らしていたということを。

山から綺麗で肥沃な水を運んでくれる平地を探し、田畑を作り、家を建て、鶏・鳥を飼い、裏山の木から薪を作り、囲炉裏で暖を取り料理をする。家の裏には竹林などもあり、さまざまな生活の道具を作り出す……。江戸時代までは、日本国中さまざまな地域の集落で、自然と共生した暮らしが行われていたわけだ。

「な〜んだ、それを取り戻せばいいんだ〜」ということにたどり着いた。

しかし私は当時、「パーマカルチャー」とか「ロハス」とか新しいエコ的暮らしに心を奪われていた。

ロハスとは１９９０年後半にアメリカ西部のコロラド州ボルダー周辺で生まれた、健康的で持続可能な暮らし、意識の高い系の人が推奨するライフスタイルのこと。これは、日本のメディアや産業界も目をつけ、大きなムーブメントを起こした。

当時は、ベジタリアンに関する興味も高まっていた。「食の安全」「命の食べ方」など、食を生み出す産業の現場は工業化されていたが、「それらがいかに不自然か」ということを訴えるドキュメンタリー映画もたくさん作られるようになっていた。

機械化され、オートメーションに屠殺《とさつ》される牛や、ひよこにワクチンを打ちベルトコンベアーで仕分けする映像。広大な農場に振りまかれる農薬、除草剤や枯葉剤。虫に食われないように育てられ、添加物や防腐剤を含んで流通されるあらゆる食べ物の映像を見て、少し極端な考え方に傾いた。１年間、ベジタリアンをしてみたのだが、ラーメンや餃子の店の前を通るとソワソワして、何度も店の前を往復してしまい、「私には無理」と断念した。久しぶりに食べたラーメンは、涙が出るほど美味しかった。

ベジタリアンにはなれなかったけれど、安全安心なものを食べたければ自分で作るしかないのだということは確信していた。

♣食べ物を作ってみる！

安心・安全なものを食べたいと思うなら、結局は自分で作るしかないし、いつかこの市場主義社会が崩壊した時のため、自力で生き延びられるようにすることが自分自身の安全保障であると思った。そこで、芸能の仕事をセーブしながら、自分の食べるものを自分で作る、田舎暮らしを始めることにした。

都内のマンションに住みながら仕事をこなし、日本型パーマカルチャーを目指し、家づくりのプランを立て始めた。

農業をしたことがなく、家を建てるのは初めて。理想ばかりが先走り、どういうものを作ればいいいか、なかなか進まなかった。

いろいろ悩んでいる時に、商社に勤めていて、材木のことを専門にしていた塩地《しおち》さんという方とご縁をいただいた。塩地さんは「当たり前の家づくり」プロジェクトという活動をされていた。これは、国産の杉材を活用し、技術者がいなくならないよう工務店さんを守ろうという活動だ。どこかで私のエコ活動を見たらしく、「何か協力できることはないだろうか」とお声をかけていただいた。

彼は、海沿いにある私の土地を見にきていただいた際、「ここか……」と一瞬怯んでいた。「不動産の価値から見ても、持続可能な暮らしという観点からも、どうかな……？」と、正直な気持ちを話してくれた。しかし、既に土地は購入ずみだったし、「昔も海沿いで持続可能な暮らしをしている人はいた」といって、「私はここで頑張りたい」と意思を崩さなかった。

塩地さんが紹介してくださった鹿児島の工務店さんも、メンテナンスできない場所の仕事は基本引き受けないということだったが、「塩地さんの頼みならば」ということで仕事を引き受けてくれた。しかし、その工務店の社長さんからも、「場所を変えることはできないか」と何度も聞かれた。

この頃は、女優さんとして多くの人に知ってもらえるまでになり、フリーダイビングで世界で2位になっていた。私は謙虚さというものを忘れていた。振り返れば、自分の無知蒙昧さを恥じるばかり。いずれ、彼らのアドバイスが正しかったことを思い知るのであった。

ともあれ、この時は私のわがままを聞いてもらい、2007年、無事にエコハウスが出来上がった。

家を建てることではなく、持続可能な暮らしをすることが目的。まず、一番大切な食べること。食べることの一番基本はお米。それで、お米作りから始めることにした。

近所の田んぼを借りて、お米づくりを始めた。初めての年には、昔ながらの方法でコメ作りを学んだ。

土手から水が漏れ出さないように、畔塗《くろぬ》りという作業をする、田んぼの縁の土留《どどめ》を、鍬《くわ》の背中で押し叩いてゆく。それはそれは骨の折れる作業。

田んぼの草を抜き、水を張る、そして代掻《しろか》き。水の中の泥土《でいど》を平らにならす作業を行う。これが整い、やっと田植えをするのだが、この準備をしている間に苗作りも行わなければならない。５月に入ると、籾殻《もみがら》のついたお米を発芽させ、苗を作っておく。

６月の声を聞く頃、いよいよ田植え。初めての田植えは、まず半反（１５０坪）で始めた。この米作りは、３人の仲間と共に始めた。終わる頃には腰が痛くなり、ヘトヘトだった。お昼ご飯に用意したおにぎりと、お米作りの師匠が持ってきてくれた柑橘のはっさくが、涙が出るほどおいしかった。

田んぼは、昔から水の分配でいろいろ揉めることがある。無農薬で作りたいが、「カメムシよけは、近所の田んぼに迷惑がかかるから必須だ」といわれた。無農薬の大切さを訴えても、素人の言うことには耳を傾けてはもらえない。田んぼを貸してもらい、田植えを学ばせてもらっているのだから……。

夏の盛りには、田んぼに草が生えてしまう。時折、草抜きにも精を出した。大雨が降れば気になり、日照りになっても気になる。そして秋の実りを待つのだ。

稲穂が黄金に輝く秋を迎え、稲刈りが始まる。刈ったお米を干すため、竹の棒で棚を作り、そこに束ねた稲穂を干して稲刈りは終わる。

これがまた骨の折れる作業なのだ。時には台風に遭い、はざ掛け（天日乾燥）してあった棚がなぎ倒されることもある。そんな時は、もう一度やり直しだ。

こんなにたくさんの工程をこなして、やっとお米がとれる。

大規模農家はもちろん機械があるので、こんな昔のやり方はしない。しかし私たちは学びのため、昔ながらの方法でやってみたのだ。

その後、脱穀なども昔の方法をしてみたが、信じられないほど大変な作業だった。

こうして、苦労して作った自分たちのお米。そのお米を初めて炊く時は、何か儀式のような重みがあった。それはまさしく新嘗祭《にいなめさい》だった。

そしてお茶碗にご飯を盛り、そのお米のツヤを眺めながら涙が溢れた。

小さい頃、祖母や母親に
「お百姓さんが大変な思いで作ったお米は、残さず感謝していただきなさい」

といわれたことを思い出した。

自らお米を育てて、初めてその本当の意味を知った。

「有難うございます」

あることが難しい、それは奇跡ともいうんだな……。

「いただきます」

「ありがたい」


この千葉のエコハウスは何も知らない私の学びの場であり、それを分かち合う場所として、ワークショップなどをして人を集めた。いろいろやってみた。みそ作り、麦作り、野菜作り。綿を作って糸紡ぎを学び、機織り機を購入して機織りもやってみた。

収穫した麦を石臼でひき、パンも作ってみた。５００グラムの麦を石臼で粉にするのに、どれほどの時間と労力が必要かと身をもって知った。「数百円で買えるのなら買ってしまおう」と誰でも思うだろう。

農薬を使わない自然農法は、２年3年は元々の大地に栄養があるからビギナーズラックでなんとかなった。しかし、何もしないで連作すれば、栄養の足りない未熟な作物になってゆく。

豊かな農作物を生み出してくれる、日本の農家さんには感謝しかない。

私たちの現代の生活は、こうした過程を知ることも経験することもなく、たくさんある商品を選び、購入するだけになってしまった。

「感謝というものが希薄になるのは当たり前だな」と、作る過程を経験してつくづく感じた。

♣覚醒と生まれ変わり

お米を作ったり、野菜を作ったりしながら、自分の祖先が紡いできたことを改めて調べ直すことにした。

明治維新。この文明開花なるものが始まる前まで、日本は自給自足、地産地消は当たり前だった。

そして、石油産業が台頭する前は、着る物や、建物に使う材料として、麻は一つの産業であったことを知る。

この大麻が規制されたのはほんの70数年前であり、それは戦後アメリカからいわれて決められた法律であることを認識した。植民地となった国からは、民族的な文化は消し去られてしまうということだった、この苦渋に満ちた現状を知り愕然とした。

そんなある日、伊豆大島の友人のところに遊びに行くことになった。大島は火山島として有名だが、その火山を祀る御神火《ごじんか》祭りというお祭りがあり、それを訪ねた。

そこで知りあったのが、中山康直《なかやまやすなお》さん。今、臨死体験、神話、予言系、宇宙系ユーチューバーや講演会イベントなどがブームなようだが、その辺りの先駆者、レジェンド的存在だ。

初めて遭遇したのは大島の港。船に乗る人で混雑した乗り場でのこと。80メートルくらい離れたところに、一際目立つ人がいた。特に派手な格好をしているわけでもないのに、なぜかそこに目線が釘づけになった。エネルギーが、普通の人と違って見えた。その後、知り合いの家で出会った。そこから、大麻草の話になった。

「なぜ大麻が禁止になったのか……」「かつて日本では、こうして大麻草と暮らしていた……」

私は、インターネットで多少調べていたことが基礎にあったが、その時話してくれたことで、大麻草とはなんなのか腑に落ちた。

縄文の話や宇宙の話、世界の歴史の話など、ここでは説明しきれないのでぜひ諸書（＊）や講演会などで直接お話を聞いてほしいと思う。とても興味深い話を聞けると思う。

私も彼に会わなければ、ここまで大麻草に興味を持たなかったかもしれない。

♣３・11福島　終わりの始まり

私が千葉に引っ越したのは、自然から恵みをいただく、エコな暮らしをするためであった。

＊『麻ことのはなし』（評言社）
『奇蹟の大麻草』（きれい・ねっと）

ライフスタイルの見直しをして、もっと地球と共存し、未来の人たちにできるだけそのままの自然を残すことが目標だった。

だから、原発には反対していた。それを全面的にいえば、芸能界の仕事はしにくくなるし、眉間に皺寄せて政治や環境の話をすると人気も下がる。だから、なるべく若い女の子が憧れるようなエコ的イメージづくりに励んだ。

しかし、2011年の東日本大震災により、ことは起こった。

放射能。それは絶対に撒き散らしてはいけないものだった。私の中では。

海も空も大地も汚染されてしまった。私は怒りと絶望に打ち震えた……。

「こんなことにならないように」と思っていたことが起こったのだ。

しばらく、東京も火が消えたような状態になった。今はもう忘れてしまったかのようだが……。

私の中で何かが終わった。

この政府は、いったいどこに向かっているんだろう？

「直ちに影響はない？」「食べて応援？」

私たちの暮らしを見直さないと、きっともっと危険なことが起こる。日本には原発が54

基もあるのだから！　ここで立ち止まらなくては！　私はそうとしか思えなかった。海も空気も繋がっている。千葉は福島からそう遠くはない。そう思った私は、千葉を離れることを決めた。

平時なら、こうした私の選択は、「無責任だ！」とか、「もう飽きてしまったのですか？」といわれても反論できなかったと思う。しかし、あの時の私は、「放射能汚染地でエコライフはできない」と恐怖に震えていた。

東京ですら、安心だとはいい切れないと疑っていた。

地元の人たちには、余計なことをいわずに出てきた。私は他でも生きていける。しかし、多くの人たちはそこに残らなければいけない。「放射能が危険だから、ここにはいられないと思った」とは、私の口からはいえなかった。「風評被害になるような言葉をばら撒くのか」といわれかねない。

申し訳ないと思いながらも、黙って出て行くことにした。

誰かを悪者にしても解決はしない。ことは起こってしまったのだから。

もう、私は47歳になっていた。次に住むのは、私の〝終《つい》の住処《すみか》〟になるだろうと感じていた。

ハワイに戻るのもいいと思ったが、語学力も低レベルだし、最後は日本で死にたい。老後になれば、食事はますます日本食がいいと思うに決まっている。

日本でハワイのような場所といえば沖縄。しかし、沖縄本島は既に東京と変わらないように思えた。自然がたくさん残されている場所といえば、離島に行かなければならない。

一度、仕事で訪ねた石垣島の印象がすごくよかった。沖縄県で一番高い山があり、よい水をいただける。離島ではあるが、文化的なものも充実している。2003年にハワイから帰国後、すぐにでも行きたかった沖縄だったのだが、この社会で生きて行くために自分の生業《なりわい》である女優業を完全に捨て去ることができなかった。

しかし、震災が私の迷いを断ち切った。

『相棒』というドラマはまだ続いており、出番は少なくとも主役の奥さんである。これを辞めることは、本当に心苦しいものがあった。

しかし、この震災が起こるずいぶん前から、〝この国の政府が決めていることが、自分の幸せや健康を追求しようとする方向性と、まるで逆であること〟に疑問しかなかった。

大麻草の件についても、放射能のことについても、マスメディアから流れてくる情報に

疑問を持ち続けていた私は、

「このまま、国に従順に従っていたら、終いには国に殺される」

そんな気がした。

そして、全てを手放し、自分で電気や水道などのライフラインを確保する、オフグリッド生活をするんだと心に決めた。

あの震災直後に、千葉の物件を手放したので、随分と安い金額で処分しなければならなかった。それに、芸能界からの収入もなくなる。しかし迷いはなかった。

♣石垣島でのライフスタイルを考える

千葉に家を建てた頃は、まだ40代で、ギリギリ子供をもうけることができる年齢だった。その頃は、「食の安全と保証の確保に真剣に取り組むのは、万が一自分に子供ができた時でよい。ここにいれば、その子に安心して暮らせる環境やよい学びの場を作ってあげられるだろう」と考えていた。しかし、残念ながら時期を逃し、石垣島に住む頃には、徐々に女の幕を閉じる時節がやってきていた。

残りの人生では、特に子供に残すものなどを考えなくてもよい。さてさてどんなライフスタイルにしたものか、過去の反省点を考慮して検討した。

ダイビングなど、海に人をお連れするのは、年齢的なことを考えると無理がある。千葉では自給自足を試みたが、一人もしくはパートナーと、自分たちの食を全て確保するのは、とても大変なことを思い知った。千葉ではオーガニックカフェなども運営してみたが、毎日食べ物や飲み物の準備をするのは容易ではない。

綿を作り、自分の着る物を作ろうと糸紡ぎを学び、機織り機まで購入し張り切ったが、大きめのストールを作ることが精一杯。

電気がなくなったら、寒い地域の生活は大変ではないか？

現代社会に生きる私たちは、生活の全てを購入することで生きている。生活のために必要なものを、一から生み出すことは容易ではないことを学んだ千葉での時間。

まだ20代や30代なら、身につけていくということに意味も価値もある。しかし、子供のいない私には、その暮らしは無理なのだとわかった。

♣トロピカル・メルヘン・テンプル

石垣島では、〝怠け者自然暮らし〟をしようと決めた。

まず、石垣島は常春常夏。暖房用のエネルギーの心配はしなくてもよい。着る物にもお金がかからない。実際、石垣島に移住して、クリーニング屋さんのお世話になったのは２回程度。

多少、着古したものを着ていても、誰も蔑んだ目を向けることなどない。

履き物も漁業組合が売り出した、魚《ぎょ》さん（漁業組合で売られている漁師さん用のサンダル）一足を、２〜３年履きたおしている。

山の中に住んでいるので、夏も森が冷却装置となり、夜は涼しく過ごしやすい。

そして水は山水を引いて使用している。

これだけ考えても、毎月の光熱費は少なくてすむ。

衣服に関しても、昔の自分が本当に愚かだったことを反省する。どれだけ洋服や靴、バッグ、宝石にお金を使ってきたか……。もう一軒、家が立つくらいの無駄遣いを、芸能人時代にしていたと思う。

本当に愚か者であった……。

少し言い訳をさせてもらうなら、日本がバブル絶頂期だったので、けっこう周りにもそうした人たちが闊歩《かっぽ》していたのは間違いない事実ではある。

石垣島では宿泊施設を作り、そこで現金収入を得ながら、バナナやパパイヤ、マンゴーなどを育てることにした。天から恵みをいただける、楽園的持続可能な暮らしに切り替えたのだ。

そのイメージの出どころは、メキシコのパレンケという、古代都市遺跡のある町だ。そこで宿泊した施設がとても可愛らしかったので、そんな雰囲気にできたらよいなとイメージしていた。

その別荘地のような宿泊施設は、遺跡付近のジャングルのような森の中にあった。人一人くらいが歩ける、石畳の細い道があり、その道なりに可愛らしいお家が立っている。三匹の子豚のお家のような木の家だったり、レンガの家だったり、土壁の家だったり。建売の家ではなく、それぞれ手作りされた温かく可愛い建物が立っていた。

街灯も、籐を編んだようなスタンドらしきものが、石畳を照らすように立っていた。

まさに、そこはメルヘンの世界に迷い込んだような空間だった。

私が石垣島で購入した土地も、そのジャングルによく似た環境で、裏には沢が流れて、大きなヘゴヤシが南国のメルヘン感を出してくれていた。私のテーマが決まった。トロピカル・メルヘン・テンプル（テンプルには隠された場所という意味もある）。南の島のジャングルの中の秘密の花園。

建物はどうするか？　私に残されたお金はそんなにたくさんはなかった。

メルヘンといえば……と考え、思いついた地元の友人に相談した。

彼は、浜松でパヤカという洋服屋さんとカフェを経営していた。

洋服のデザインもするが、店舗の建築や内装、大工もできる、凄腕のアーティストだった。しかも、目指すところは〝自然に感謝し、自然のものを生かしながら、物作りをする〟。

そんなタイプの人だった。

〝買うということをせずに豊かに暮らす〟には知識と腕が必要なのである。

彼はアジアの旅もたくさんしていて、雑貨や生地、家具などの輸入もしていたので、いろいろなことに精通していた。

石垣島にきてもらい、「ここにコテージを建てたい」と相談すると、「バリ島に家を買いつけに行こう」という提案をしてくれた。

バリ島の紹介してもらった店は、フランス人と日本人のカップルがオーナーだった。なんとも可愛らしい古民家のコテージが売られていた。バリ島や、近隣の島々の古民家を買いつけ、リフォームして販売していたのだ。いくつかコテージが立ち並び、住宅展示場のようになっていた。

宿泊棟、レセプション、トイレ……。欲しいものを購入し、それらをコンテナに詰め込むと、40フィートが2個、20フィートが1個という、大変な量になってしまった。

しかも、建ててから80~100年は経つ、古ぼけた古民家。しかし、見方を変えると、骨董品としてはなかなか面白いものであった。

なぜなら、インドネシアのチーク材はとても希少価値がある。

既に伐採が進行し、さらに貴重になり始めていた。バリ島から海外に材木を運び出すのに、新しく税金をかけるという法律が可決されそうな時期だった。

まだ石垣島の土地の準備がすんではいなかったが、購入し、那覇で留め置いてもらった。

わざわざそんなことをして、すごく贅沢と思われるかもしれないが、石垣島で新築の小

台風でコテージが倒壊！

屋を建てると、内地（日本本土）の2～3倍はする。施設の建物全てを新築にしたら、いくらかかるかわからない。そういう意味では、トントンどころかかなり安くできたと思う。

そしてあとで知ったのだが、石垣のシロアリはかなり恐ろしい。しかし、チーク材はすごく硬い木なので、シロアリ対策には最高だった。

一方、バリ島には台風がないので、石垣に運んでから、痛い目に遭うことになった。

２０１５年、石垣島に半端なく大きな台風が来た。街ではコンテナが道路を塞いでしまったり、車が吹き飛んだりと、本当に凄まじい規模の台風だった。その時に、宿泊棟の大きなコテージが一つ倒壊してしまったのだ。

あれから10年近く経つが、その後は無事でいる。

夏の訪れとともに、毎年台風前には胃が痛む。

話は戻るが、石垣島に移住し、バリに行ったり、建築屋さんとスケジュールを決めたり、許可を申請したりと忙しく動いていたある日のこと。大麻取締の法改正を、有志を集めて訴えていこうという運動が立ち上がるという話が耳に入ってきた。

第5章　大麻と私

♣大麻草検証委員会発足

大麻草の取締法（大麻取締法）に異議を唱え、活動してきた方は、戦後たくさんいた。しかし、勝利の女神は誰の元にも降りてはきてくれなかった。

個々で戦うよりも団結して、日本人を不幸にしかしないこの法律の改正を訴えようと、有志が集まった。2012年、アメリカのコロラドとワシントンの両州で、嗜好大麻が合法化された。それに刺激され、合法化を願うものたちが賛同者を集めて、お祭り、決起集会的なイベントをしようという話になった。それは、2012年8月7～8日に山梨県西《さい》湖《こ》で開催された。

そのお祭りには、日本国中からいろいろな人が集まってきた。なかには、「日本で法改正運動を始めた人たちがいる」「どんな奴らが、何をしようとしているのか見てやろう」と偵察をしにきた人もいた。

それを聞きつけた警察も動き出したらしく、すっかり準備が整っていた前日に、会場を貸してくれることとなっていた会社から、「大麻のイベントをするなら、お貸しできない」

という連絡が入った。

代表のＭ氏が山梨県警に出向くことになった。なぜか、私もその場についていくことになった。

警察の方は丁寧な口調ではあるが、威圧的に、〝大麻のイベントは認められない〟という趣旨のことを、回りくどく説明してきた。

しかし、そんなことで怯むような輩が、こんな活動を始めるわけはない。Ｍ氏がうまいこと話を進め、懇意の政治家にも連絡を取るという技のおかげで、イベントがキャンセルされることはなかった。

社会を動かすのは、やはりパワーバランスなのだなと感じた。

警察の方は、私の顔を見て目を丸くして驚いていた。『相棒』の……警察絡みのドラマに出ることの多かった私が、大麻の活動家に！

多分この時から、私はチェックリストに載せられたのだと思う……。いや、もう少し前だったかもしれない……。

このお祭りは、〝日本にも解禁の時が近づいているのかもしれない〟という期待が盛り上がる空気が漂うイベントだった。

メディアが伝えることや、学校の教育を信じる人にとっては想像し難いと思うが、こうしたイベントで出店されるフードは、オーガニックだったり、それぞれ地元の農産物で作られた美味しい食べ物だったりする。クラフトの小物もあり、なかなかレベルの高い品々が持ち寄られる。

世界の大麻解禁ムードを感じながら、〝もしかして日本でも何かが変わるのかもしれない〟と希望に胸膨らませられるようなイベントとなった。

設営されたテントからは、時折白い煙が立ち昇っていたとかいないとか……。

大体、こうしたイベントをするのは山合いのキャンプ場のようなところ。そこに通じる道は1本か2本しかない。

朝、帰ろうと下山すると、警察が待ち構えていた。検問だった。

M氏と警察のやり取りが始まった。M氏は、こうした場での振る舞いを心得ていた。途中、政治家にも電話をしていた。かなり長い時間のやり取りだったように思う。

怯まないM氏に、警察が「タバコケースを調べさせてください」といって、試薬で調べ始めた。しかしそれは間違いなくタバコであった。「お手間を取らせました」といわれて終わった。

バックミラーに警察と護送車が遠ざかっていった。なんと恐ろしい世界に迷い込んでしまったのかと身体中から汗が噴き出た。

その時の祭りの名前は「あとの祭り」であった。


その祭の頃、私は大麻関係のイベントなどには参加することはあったが、検証委員会には参加せず、見守っていた。

ある日、その代表となるメンバーが記者会見を開き、それがニコ生（ニコニコ生放送）で放送された。

私は石垣島で、引っ越したばかりの家具も特に揃っていない部屋でその映像を見ていた。この会見は、開始時は１００人ぐらいの視聴者だったが、情報が拡散されたのか、終わる頃には２０００人を超えていた。

ご存じの通り、ニコ生は書き込みが画面に流れては消えていく。この時を待っていたとばかり、いろいろな人たちが湧いてきた。

大麻合法化～笑笑笑笑～　キタ～

茶化したようなコメントも多く見られたが、かなりの盛り上がりを見せた。

私もこの活動に参加しようと思い始めた。

それにプラスして、私はエコロジー推進、地球と共存した暮らしを追求しようと、懸命に動いていた。しかし、そこでぶち当たるのは、法律の壁や、政府の動向。原発のこと。農業のこと。添加物のこと。医療のこと。政府が向かう方向と反対を指し示す人間には、きつい仕打ちや社会の歯車からの排除ということが待ち受けている。

「なぜ、同じ国民なのに、こんな仕打ちをするのだろう」と疑問に思うことはあったが、大麻草について真実を知るにつれて、その理由を理解した。

私たちは、まだ戦後の負け犬のままであったのだと。

大麻のことや、さまざまのことが、私たち日本人の主導で決められたものではないということ。

大麻草の問題は、戦後の一番始めに行われた伝統・文化の破壊であったということ。

私のように、専門家でもなければ、学歴もない人間に、何ができよう。

しかし、この大麻草の問題については、私たち国民一人ひとりの意識を取り戻すということにもつながる。もう一度、自分たちのアイデンティティを取り戻すためにも、この真実を伝える活動は意義があると思った。

私には、家族や、子供もおらず、会社の従業員がいるわけでもない。震災を機に捨てた過去の職場に、私の座席《いす》はもうない。私には失うものはなく、思い切りこの活動に打ち込める環境の中にいたというわけだ。

２０１４年、このイベントがきっかけとなり、私は大麻草検証委員会に属して活動を始めた。

それと同時に、Twitter や Facebook をはじめとするＳＮＳで、「私、大麻草検証委員会に所属し大麻合法化活動を始めます。よろしくお願いします」と宣言した。

ここからはＳＮＳでの炎上が、私について回った。

そして、ここから私の人生は、思ってもいない方向へと流されていくのであった。

大麻合法化活動の関係者は、一筋縄ではいかない人たちばかりだ。

とにかくいろいろな個性的な人がいた。

「大麻が禁止されている状況では、裏で売買がされる。規制がかかっているほうが、その市場を自分たちの好きにできる。だからこのままでいい」という人もいる。

「日本の伝統文化なので取り戻すべきだ」という人もいて、その一部には、「喫煙の文化は昔はなかった」という人もいる。

「〝緑タバコ〟といって、喫煙も普通にされていた」という人たちもいる。

まずは、産業用の大麻を解禁すべきだという人たち……。

3人よれば派閥が生まれるという人間の性質上、どうしても意見の相違が生まれる。そうした派閥同士の争いが、話をややこしくしているという側面もある。

しかし、いろいろな思いはあっても、「この法律を見直そう。大麻取締法という、国民にとっての悪しき法律をぶっ壊そう」と2011年に集まったのが、この検証委員会だった。

しかし、活動し始めてから間もなく、悲報が届いた。中心人物の一人、中山氏が逮捕されたのだ。

彼は1997年に、戦後日本で初めて、民間人として大麻栽培者免許を取得していた。法律上、大麻取締者免許は、都道府県知事免許になっている。結局は、厚生労働省に全ての権限があるわけだけれど。彼が申請した頃は、今ほど厳しく管理されていなかったのだろう。

中山氏は、静岡県では免許を取得していたが、その頃は住居を東京都大島町に移していた。

引き続き免許を継続できるように申請をしたが、それは却下された。ゆえに、彼は既に免許を手放していた。

そうした中での逮捕だった。

彼は、法改正を拒むものたちにとって、非常に邪魔な存在であったわけだ。

彼はめげずに最高裁まで挑んだ。これは、非常に時間とお金と労力のいる作業であった。

しかし、この時集まった検証委員会の仲間が、できる限りを尽くして戦った。

たくさんの参考人に意見を述べさせてくれる場面も、裁判所側は作ってくれていた。

しかし、「もしかしたら」という期待も虚しく、無罪にはならなかった。

この裁判は、大麻解放の闘いの中でも、歴史に残る裁判であったと思う。

私が２０１６年に逮捕された時、控訴をしなかったのは、この時の裁判の一部始終を見ていたことも一つの理由だ。

出る杭は打たれる。その後の大麻のイベント会場には、必ずマトリや警察の影がついて回った。大麻所持の逮捕者もなんとなく目立つようになり、薬物乱用は「ダメ。ゼッタイ。」キャンペーンも勢いを増し始めていた。

私は大麻の活動ばかりをしていたわけではない。石垣島に移住し、「虹の豆」という宿泊施設を作るという大きな目的があった。そのため、ほとんどの時期は石垣島でその準備をしていて、必要な時だけ、活動に顔を出していた。

そんなある日、検証委員会の代表のM氏が心臓発作で倒れた。心臓病で、突然死するかもしれないという。

今、彼に死なれたら、せっかく動き始めたこの活動が終わってしまう。まずは生きていてもらわなければ……。

私の施設作りには、人力が必要だった。特に決まった仲間もなく、一人で始めた企画だったからだ。全て業者にお願いしたら、高額なお金がかかってしまう。

M氏は東京で土木の会社を経営してきた、その道のプロだった。

石垣島で療養しながら、現場の面倒を見てくれるということで、石垣島に来ることになったのだ。

そして、〝旅の途中に私の家にふらりと寄ったら、このドラマに巻き込まれてしまった〟O君を加えて、3人での生活が始まった。

1500坪の敷地に重機を入れ、整地から始めた。電気や水道も、友人の力を借りて自分たちで整えた。時に心臓発作を起こし、真っ青な顔になるM氏を横に、慌てふためく私とOくん。石垣島の夏は暑く、熱中症にもなりやすい。

「経口水（経口補水液の略）を作ってくれ」

具合が悪くなりかけたM氏に頼まれ、急いで作って渡した。落ち着くかと思いきや、彼はゴクっと一口飲んで吐き出した。

「なんだこれ？」

「ケイコウスイ……」

私は塩と砂糖の量を間違えていた。経口補水液は、水1リットルに対し、砂糖が40グラム、塩が3グラム。塩の量が10倍以上になっていたのだ。危うく、M氏を殺すところだった……。

それから〝おたんこナース〟という名前がついた。

「庭掃除が楽にできるように」と、敷地周りの境界線上に琉球石灰岩とモルタルを使用した50センチくらいの壁を作ったり、お風呂や水場を作ったり。小規模公園を作るような土木作業を、3人でコツコツ行った。その間に、いろいろな人が興味を持ってやってきた。

♣まさかの参院選出馬

ある日、平山誠《ひらやままこと》さんという人が虹の豆にやってきた。

彼はフジテレビ系の制作会社の社長さんをしていたのだが、元長野県知事の田中康夫《たなかやすお》氏が参議院議員から衆議院委員に鞍替えをする時に、その後釜として4年間参議院議員を務められたという経歴をお持ちだった。石垣島にスークバダイビングをしにいらしていた。

彼は私に興味を持ったらしく、ある日訪ねてこられ、虹の豆の話、そして大麻の話で盛り上がった。

その時、大麻草について相当興味を持ったらしく、東京に帰っていろいろ調べ、また石垣島の我が家にやってきた。

「これは面白いね」ということになり、永田町でこの件に関して動いてくれる人を探してくることになった。

大麻の問題は、法律がある限り、逮捕された際に、裁判所に異議を申し立ててもどうしようもないのが現実。とにかく法律を変えなくてはいけない。それには、問題を国会に持ち込むしかない。

「チャンスが巡ってきた！」

ドーパミンシャワーが脳内に飛び散った。

しばらくすると新党改革の荒井広幸《あらいひろゆき》代表が、次の参議院選挙で公約の一つに掲げるというお土産を持ってやってきた。荒井代表はこの企みがとても気に入ったようで、石垣島に来る時の宿は我が家になっていた。

平山さんはお酒が好きで、彼が来る時は賑やかな宴会が始まり、私はおつまみ作りの女将さんのようになっていた。彼は選挙活動の時に帯状疱疹《たいじょうほうしん》を患い、「それが治らない」といって、いつもわきの下のリンパをマッサージしていたことを思い出す。

行政の側からしたら、「虹の豆」は〝政府に楯突く反逆者のアジト〟にしか見えなかったかもしれない。

私は大麻草の歴史や現時点で解明されていること、医療大麻のこと、世界の動向などの資料を荒井さんのために総力を上げて集め、お渡しした。

そんなある日、「高樹さんも、新党改革から一緒に立候補しませんか？」という話が持ちかけられた。

まさかの政治家？

「いや〜それはやめたほうが……。叩かなくても埃が……」

「それに、そんなこと一ミリも考えたことがないので無理すぎる」

とお断りをしたのだが、「異議をお持ちの方が、ご自分の思いを伝えなければダメです」

「私と平山さんがサポートしますから頑張りましょう」と力強く勧められ、神輿に乗ってみることにした。

「万が一、奇跡が起これば、あのバッジをつけられるかも」などと、少しだけ期待に鼻の

穴を膨らませてしまった。

　荒井広幸さんは安倍晋三首相（当時）ともつながりがあるらしい。

　嘘か本当か、「安倍首相も、大麻の法改正には興味をお持ちであり、『自民党も何か協力できることがあるかもしれない』といわれた」という話を平山さんから聞かされていた。

　参議院選挙に出馬することを母親に報告すると、「何寝ぼけたこといってんの！　恥をかくだけよ！」と一笑に付された。しかし、「私が出ることで話題にはなるだろう」と、宣伝担当ぐらいの気持ちで参戦した。

　初めて、永田町という城に入ることができた。国会では、会議が終わると議員さんたちが本会議場の重い扉を開けて出てくる。赤い絨毯の上を、偉い人順に歩いてくる。そしてそれぞれの政党の待合室みたいな部屋に戻って、安倍晋三さん、菅義偉《すがよしひで》さん、麻生太郎《あそうたろう》さんなど、重鎮の政治家たちからの挨拶回りを待つのだ。

すると、新党改革の部屋に訪問があり、私は「新党改革から出馬します」とご挨拶をした。

実は、私は安倍首相とお会いするのは初めてではなかった。

私がハワイにいた頃、安倍さんと奥様の昭恵《あきえ》さんがハワイ島に遊びにこられた。それは、まだ総理になられる前だった。

その際、「業者の方と海に行くのは嫌」「亀と泳ぎたい」という安倍さんのリクエストがあり、私と師匠の菅原氏に案内するお役目が回ってきた。

菅原氏の案内で安倍さんは海に入った。その際、長いこと海から上がってこなかった。

「日頃、随分とお疲れなのかな」と思いながら、昭恵夫人と私は海岸で帰りを待った。

そんな不思議なご縁があったことを、無邪気な笑顔でお話しされていた安倍首相に対しては、政治的なややこしい話を抜きにしたら、私はよい印象しかない。

♣参議院選挙の影響が……

選挙における記者会見も、街頭演説も、芸能人としてのパフォーマンスとは訳が違った。

最初の頃は、緊張のあまり逃げ出したくなったが、選挙戦が後半になると、「どんな場所で、どんなことをいってもいい」という、〝選挙という祭り〟が楽しくさえなっていた。

２０１６年7月、ちょうど参議院選挙の最中に、一つの大麻の歴史的な裁判が行われていた。

２０１５年12月、山本正光《やまもとまさみつ》さんが大麻所持で捕まった。彼はフランス料理のシェフとして人気の高い店を経営していたが、２０１４年に「肝臓がんで余命半年」と宣告され、抗がん剤治療を受けた。しかし効果が見られず、医師には「打つ手はない」といわれた。

そこで彼は、一縷の望みをかけて大麻を自家栽培して、２０１５年から使用し、命を繋いでいた。その結果、食欲が回復し、睡眠が取れるなど、体調がよくなり、腫瘍マーカーなどの数値も下がったという。

この裁判は多くのメジャー新聞や、テレビ朝日の「報道ステーション」などで取り上げてくださった。しかし、残念ながら〝山本さんが判決を目前にした7月25日に亡くなる〟という、悲しい結末に終わった。

私も、裁判所の前まで応援に駆けつけたが、それが最後の挨拶となってしまった。

選挙で私が一番心に残ったシーン。

日曜の朝の阿佐ヶ谷だったと思う。まばらな人しか行き来のない駅の前で、平山さんと2人で小さなスーツケースほどのスピーカーを前に演説していた。

多分、30代半ばくらいの男性が、棒立ちとなって話を聞いていた。しばらくすると、彼の頬には一筋の涙が光った。彼は話が終わる前にどこかへ行ってしまい、会話はできなかったが、「きっと大麻取締法のために、人生が苦難の道となってしまったのではないか」と、私には思われた。

選挙の結果、私たちは惨敗であった。「2秒で落選」とまでいわれ、荒井広幸さんまでもが議席を失ってしまった。

あともう一期勤めれば、国会には彼の肖像画が飾られていたろうに。

きっと悔しい思いをされたと思う。荒井さんも、この戦いで血を流した人であることを、ぜひ記憶に留めてほしいと思う。

そして、今は亡き平山誠さんにも。平山さんは、私たちの逮捕後のいろいろな世話をしてくださるなか、がんで亡くなられてしまった。

これでもかというほど、不幸の連鎖は続いた。

選挙後、大麻の取り締まりが相次いだ。鳥取県で大麻取扱者免許を取得していた人たちや、長野県の過疎地で暮らしていた集落にメスが入った。

「私（高樹）たちが目立つことをしたからだ」とあちこちで囁かれもしたが、大麻所持が法律に触れる状況下で、「一部の人たちが密かに使用できればいい」ということには、私は共感できない。

「大麻草の問題はもっと根深い。私たちの権利を奪うものなのだから」と、私は今でも全面解禁を諦めたくはないと思っている。

選挙は２０１６年7月11日に終わった。

同年10月25日、私は大麻取締法違反にて逮捕された。

半年ぶりに家に帰った。家では、家族のクマ（犬だけど）が私の帰りを待っていてくれた。

なぜ、これほどまでに大麻草を邪魔者にし、国民を犯罪者にするのか？

なぜ、国民が不思議に思わないのか？

この本でくり返しお伝えするように、大麻は伊勢神宮で使われるほど日本の文化に根づいていて、産業用としても医療用としても使われてきた。医学的には、使用しても身体依存性はなく、大麻で死ぬこともないとわかっている。

しかし、戦後、ＧＨＱに押しつけられた大麻取締法のせいで、現行法で大麻を所持すると罪に問われる。今後、法律が改正されると、使用もアウトになる。それはおかしいし、納得できない。

このようなことで罪人とされ、社会から除け者にされることに憤りを感じる。

到底、反省などできるものではない。

反省すべきは、無知蒙昧で徳積みを怠った私の生き方である。

しかし、「法律で禁止されているから」という今の日本の状況がなければ、大麻を利用するのは悪いことなのだろうか。

私は逮捕後、人生で初めて精神科にお世話になった。

環境適応障害と診断された。人は考えてもいないショックに出会うと、完全に脳にパニックが生じる。どうしたらよいのか、完全に自分という認識が崩壊してしまうのだ。

かつて、「精神科のドアを叩き、薬で解決しようとするのは弱い人間」と決めつけていた自分を恥じた。

まるで想定していないことに出くわすと、〝朝、目を覚ましたら一人砂漠に置かれていた〟かのようになってしまうものなのだ。

♣大麻草とはなんなのか？

そもそも大麻草とはどんなものなのか？

それは地球に生えている植物の一つ。辞書に書いてある言葉を引用すれば、（Cannabis sativa《サティバ》）は中央アジア原産とされる麻科麻属の一年草の草である。

大麻草とも呼ばれ、茎の繊維は木綿や合成繊維が普及するまでは、大麻繊維、麻布として広く使用されていた。戦前までは麻といえば大麻を示していたが、現在の商品表示に示されている麻は亜麻《あま》と苧麻《ちょま》で、大麻は指定外繊維となっている。

麻の実は、古くは5つの主食の1つとして数えられていた。日本においてはその歴史は1万年前まで遡る。今でも〝七味〟の中には麻の実が入っていることは知っている人も多いだろう。

そして、神道では神聖な植物として扱われていた。伊勢神宮のお札には、神宮大麻（たいま、正確には「おおぬさ」）と記されている。薬としては、喘息の薬として販売されてきた。中国の『神農本草経《しんのうほんぞうきょう》』という漢方書には〝上品《じょうほん》（最もよい薬）長寿の万能薬〟として記されている。

辞書やWikipediaの記述をまとめると、このようになる。

現代人の多くはテレビや学校で教えられたように、大麻＝麻薬と思っている人が多いのではないかと思う。

まず基本に立ち返れば、大麻草は人間が作り出した物ではなく、私たちが生まれる前、両親や祖父祖母が生まれる前、はるか昔から、地球上に自然に生えていた植物なのだ。

では、いつからこんなことになったのか？

なぜ、「ダメ。ゼッタイ。」になったのか？

♣世紀の悪法を作った男・ハリーの呪い

大麻草が禁止になったのは、アメリカからである。

１９１４年に薬物規制の法律が制定された。これは人類史上初の出来事である。アメリカで始まったこの法律は、ハリソン法と名づけられた。

ハリソン法はコカイン、ヘロインの規制である（この時点では、まだ大麻草は含まれていなかった）。

１９２９年、ハリソン麻薬法の改正により、大麻草も使用や売買が厳しく取り締まられるようになった。

その立役者となった人物の名はハリー・アンスリンガー。

１９３０年、ハリーは新たに設置された連邦麻薬局の局長に就任することになった。

ワシントンにある財務省の奥、暗くくすんだような場所にあったその弱小組織は、すぐにでも潰されそうな状況であった。

1933年の禁酒法の廃止により、幕を下ろそうとしていたその組織を、その後100年以上も続く組織にハリーは育て上げた。

このハリーの取った行動が、今も私たちを苦しめ続けている。

彼の所業は『麻薬と人間　100年の物語』（ヨハン・ハリ著・福井昌子訳・2021年・作品社）という本によく書かれている。この当時の話は、日本という島国で暮らしてきた私たちには想像を絶する世界だ。この本には、人種差別やアメリカという国の成り立ちが、とてもよくドキュメントされている。それを参考に、ハリーという男について書かせてもらおう。


第1次世界大戦が始まる頃、ハリーは入隊を志願した。しかし、彼は兄弟に石を投げられたことで片目を喪失していたため、入隊できなかった。だがハリーはドイツ語を流暢に扱えたおかげで、ヨーロッパ駐在の外交官の席を手に入れた。

戦時中、ヘロイン中毒になった兵士や、敗戦後のドイツの惨憺たる光景を見ることとなったハリー。「どんなに言葉を尽くしても伝えきれない」という思いを、「私が話す戦地のそのイメージを20倍ほど膨らませてほしい」と書き残している。そして、何より悲惨なのは人々に残した爪痕。秩序を失い、飢えで暴動を起こす人々。文明の崩壊を目の当たりにした彼の辛い思いは計り知れない。

その後、彼はバハマ諸島に異動になり、禁酒法時代の乱れた密売の撲滅に力を入れた。その功績が認められ、ワシントンD．C．にあるその局を動かす程の地位に出世した。

その出世は、実は彼の結婚のおかげであった、当時、アメリカで最も裕福とされていたメロン一族の娘さんと結婚し、アンドリュー・メロン財務長官が親戚となった。運命の女神がハリーに微笑んだ。

当初、ハリーは大麻に関しては「依存性はなく、これが暴力を引き起こすものではない」といっていた。

しかし、一晩で考えを翻した。「メキシコ移民や、アフリカ系アメリカ人が白人女性をたぶらかしている。何人かの女性が妊娠させられている」という噂話を耳にしたのだ。

そして、「彼らが使用しているマリファナ、これのせいだ」といい始めた。

マリファナは人を「怒り狂わす」「エロティックな夢に囚われる」「論理的に考える力を削ぐ」といい出した。当時の医師たちは、その意見に反対し、証明などもきちんと提出していた。

しかし、彼はそれを無視し、警察権力、メディアを使い、大麻のネガティブキャンペーンを打った。

ハリーは、権力を動かすことのできる椅子を手に入れたことを最大限に活かし、自分の信じる正義に従い、反対の声に耳を傾けず、非科学的で容赦ない〝取締法〟という悪法を作った。

その悪法の矛先は、白人の選ばれし人たちに向けられることはなかった。

ところが、その他の人種に対しては別だった。有名な話では、女性ジャズシンガーのビリー・ホリデイを執拗なまで追い詰め、何度も逮捕した。その虐待的行為には、眉を顰める人も多い。

♣人種差別の悲劇の下にある麻薬というもの

ビリーは生まれて間もなく、18歳の父を亡くす。その後、母親は売春婦となり、アメリカで最後まで水道施設が整わなかったボルチモアで、祖母と生活をした。

祖母の故郷はアフリカであり、若い頃は奴隷として大農園で働かされていた。ビリーはそんな環境で育った。10歳でレイプされ、踏み込んだ警察には「お前が唆《そそのか》した」と決めつけられ、独房に入れられた。

その後、入れられた修道院から抜け出し、14歳にして売春で生きるためのお金を稼ぐようになる。そして、ヒモのような男に取りつかれ、暴力を振るわれ、稼いだお金は彼女の手元には残らないという、地獄のような生活に陥った。そこから逃れようと、ニューヨークのハーレムに流れ着く。しかしそこで待ち受けていたのは、苦しみから逃れるための薬物への依存。

「弱い人間が麻薬に手を出すのよ！」などということは、彼女の壮絶な人生を知れば誰も口にできまい。

しかし、神は決して見放すことはなかった。彼女に、シンガーという道を与えてくれたのだ。

彼女は、シンガーとして人気が出てきても、薬物を止めることはできなかった。

一方、ハリーたちはかつて奴隷として連れてきた黒人が社会に進出することや、人間としての権利を求めることなど赦しはしなかった。ハーレムに蔓延する麻薬は、ほぼ黒人か、アヘンを持ち込む中国人が中心となり、中毒者を増やしていると決めつけ、白人以外をターゲットにして取り締まっていた。ビリーはもちろん目をつけられ、何度も逮捕された。「麻薬中毒者が人前で歌うのは社会的に悪影響がある」と決めつけ、禁止し、唯一の生きる糧を取り上げてしまった。

あまりに酷い状況に涙が出てくる。

それと同じ時期、白人の有名な女優ジュディ・ガーランドはヘロイン依存症になっていた。しかし彼女は依存症から抜け出すために手助けをしてもらい、逮捕されることはなかった。

ハリーは、真実や正義を大切にせず、人種差別や偏見による制裁を平気で行使した。

アメリカという国の成り立ちについて考えさせられる。そもそもアメリカには先住民がおり、さまざまな人が暮らしていた。ところが、海外から船でやってきた人たちが、〝新大陸発見〟という宣言と共に侵略を始めた。

彼らにとっての邪魔者（先住民）を、住みやすい場所から追い出し、払い除ける。そして、アフリカからの奴隷に辛い仕事をさせ、自分たちの夢を叶えていった。

白人以外の人たちは、随分とひどい目に遭ってきた。黒人や先住民のされてきた仕打ちを思うと、いたたまれない思いになる。

私はハリーには憎しみを感じる。時代を超えて、いまだに私たちも苦しめられている。

私も、ハリーを起源とする悪法のせいで、随分とひどい目にあった。しかし、この本『麻薬と人間』を読んで、少しだけ私の怒りは収まった。


彼は、アルコールに依存するもの、麻薬に依存するものに対して異常なまでの嫌悪感を抱いていた。〝地上から、全ての薬物を一掃すること〟に命をかけていたわけだ。

では、なぜ彼がそこまで薬物に対する不信感を抱いたのだろうか?

それは、彼の幼少時代に遡る。

１９０４年、ペンシルバニアに住んでいたハリーは、近所で女性の悲鳴が響くのを聞いた。大人の女性が、動物のように正気を失い叫んでいたのだ。農夫に頼まれ、薬屋に走るようにいわれたハリーが、頼まれた薬を手渡すと農夫がそれを与えた。すると、程なく女性は鎮まった。

ハリーの記憶に、麻薬中毒者の女性の姿が、この世の恐怖として焼きついた。

麻薬は人間を堕落させ、自尊心を失わせてしまう。「あの叫び声は一生忘れない」

少年のハリーの気持ちを思うと、「薬物が人間をこんなにしてしまう」と恐れを抱いたことは、容易に理解できる。

その経験が彼の正義感を突き動かし、麻薬に触れたものを処罰するという法律を世界の人に強いてきたのだ。彼も生きる時代の空気には抗えない。その許せないという信念は、思い出す度に心のシミになり、コールタールのように粘りついて離れないものとなったのだろう。

大麻草がよいものか、悪いものかを議論する前に、ぜひこの過去に起こった出来事を知ってほしいと思う。大麻草を悪に仕立てたハリー・アンスリンガーが行ってきたことを知ってほしいと思う。

172ページからここまでは、前述したように、ヨハン・ハリというジャーナリストが書いた、『麻薬と人間　100年の歴史』を参考にまとめさせていただいた。

ここでは説明しきれないけれども、麻薬が蔓延していく世界や、規制が強化されていく時代の流れを知るには、この本をぜひ読んでいただきたい。

ハリー・アンスリンガー、ビリー・ホリデイ、世界の麻薬王アーノルド・ロスタイン。この人間たちが生きた時代の大きな2つの戦争と、麻薬とお金、その利権について、この本を読めば、見えてくることがある。薬物の認識を変える衝撃の内容といえる。著者ヨハン・ハリが、ペンシルバニア州立大学をはじめ、さまざまな記録を検証して調べた、真実の書なのだ。

麻薬禁止の法律は、科学的な治験を積んだとか、専門の機関を立ち上げて議論、検証をしたうえで決まった法律ではないのだ。そして、そこで決められたことがベースとなって21世紀の今もその法律の下、私たちは理不尽なことを強いられているのだ。

当時、たくさんの医師たちが発した意見は闇に葬られた。そして今でも、葬られた真実には光が当たらないのである。

♣なぜ、麻薬に手を出すのか

１９７８年、カナダにあるサイモンフレーザー大学のブルース・アレクサンダーという博士らが行った「ネズミの楽園」と呼ばれる実験がある。

32匹のネズミを16匹ずつ、2つの異なる居住空間に入れる。オスとメスを一緒にし、交流できる環境に置かれた「楽園ネズミ」と、1匹ずつ金網内に隔離された「植民地ネズミ」に分けた。

楽園ネズミの環境では、床にはウッドチップが敷かれ、いつでも好きな時にエサが食べられ、いつでも遊べるように箱や缶など遊具が与えられる。そして、それぞれの接触や交流は妨げられないようにされている。

そして、檻には普通の水と、モルヒネ入りの水（モルヒネ水）を用意した。モルヒネはとても苦いので、砂糖を混ぜたものを用意した。

その結果、植民地ネズミは大量のモルヒネ水を摂取して、日がな酩酊していた。しかし、楽園ネズミの多くは他のネズミと遊んだり、戯《たわむ》れたり、交尾をしたりして、モルヒネ水を飲もうとはしなかったというのだ。

その後、植民地ネズミを楽園ネズミの環境に移すと、みんなと遊び始め、痙攣などの離脱症状を起こしながらも、いつしか普通の水を飲むようになったそうだ。

このネズミの楽園の話と、人間が麻薬に手を出してしまうことには、共通点を見出せるのではないかと思う。

♣刑罰から治療へ

近年、こうした歴史的、政治的背景や、科学的な実験結果を元に、「薬物使用者を犯罪者に仕立てる」のではなく、「依存しなくてもよいように治療する」「麻薬といわれている化学合成物質なども、それぞれが持つ特性を研究し、私たちの健やかな暮らしのために有効利用しよう」という方向に舵を切り始めている。

薬物使用者を辱めたり排除したりすることは、よい解決方法ではなかったということが明白になってきたからなのだ。

20世紀の末に、いち早く大胆な政策を始めたのはポルトガルだった。

まずは少量の所持や使用を許容し、犯罪とするのではなく、依存症プログラムや、福祉サービスを受けられるようにする。社会での居場所を作り孤立させないようにする。

これらの政策には、もちろん反対の意見も出たようだ。しかし、10年後には注射器による薬物の使用、薬物の過剰摂取による死亡、治療をしなければいけない依存者が著しく減少。そして一番注目したいところは、10代の若者の薬物経験者の割合が減ったことだ。

ハリー・アンスリンガーが作り上げた、麻薬の「ダメ。ゼッタイ。」キャンペーンは世界をのみこみ、世界の新秩序となっていった。

そのイメージにより、多くの人が誤解を受け、社会から除け者にされてきたのだ。

100年前の地球では、大麻も、ケシ（アヘン、ヘロイン、モルヒネ）、マジックマッシュルーム（シロシビン）、ペヨーテ（メスカリン、アルカロイド）、アヤワスカ（ジメチルトリプタミン）なども、それぞれの生息地では薬草として、メディスンマンやシャーマンといわれる人たちによって、治療薬として処方されていた。

南米やメキシコなどには、聖なる薬草を用いたリトリートセンターができている。メディスンマンやシャーマン、もしくは医療従事者がリゾートのような施設を立ち上げていて、たくさんの西洋人が訪れているという。

日本で流されている情報は、あまりに遅れているとしか思えないのでぜひ参考にしてほしい本をご紹介しておく。

『幻覚剤は役に立つのか』（マイケル・ポーラン著・2020年・亜紀書房）

この本はとても興味深い。本を読むのは面倒くさいという方は、ネットフリックスで『心と意識と：幻覚剤は役に立つのか』を、ぜひ観てみてほしい。視野が広がるはずだ。

こうした薬草を使用する際、「set《セット》（心構え）とsetting《セッティング》（環境条件）を考慮しないと危険である」ともされている。

これらは、アルコール依存症、薬物依存症、内面的な問題、鬱など、さまざまな疾患に使用されてきた。ほんの100年前までは、これらの薬物を使用することで、罪になるとか牢屋に入れられるとか、辱めを受けることなどなかった。

しかし、軽い気持ちで使用する類のものではないと思うので、専門家のサポートと共に使用することをお勧めする。

大麻が激しく禁止され、正しい情報が伝えられていない今の日本では、精神衛生上よろしくないし、捕まる可能性があるので、勧めることはできない。

♣医療大麻とは

イスラエルの研究者に、ラファエル・ミシューラム博士という方がいらっしゃった。彼は、生涯にわたり大麻の研究に従事し、〝大麻研究の父〟と呼ばれている。

アヘンからモルヒネが分離され、コカの葉からコカインが分離された。しかし、20世紀半ばになっても、大麻の化学的性質は明らかになっていなかった。そこで博士は研究を始めた。当時、警察が押収した大麻を使い研究をしたとのこと。

そして１９６４年にＴＨＣ（テトラヒドロカンナビノール）の単離、構造解明、合成という偉業を成し遂げた。偉業を遂げる人は、固定観念に縛られない自由な発想を持つ人なのだと思う。

私が産まれたのは１９６３年。ちなみにこの年は、ミシューラム博士がＣＢＤの構造を報告している。何か偶然とは思えないなどと思っている、勝手に。

そして、分離されたＣＢＤ（カンナビジオール）が、てんかんを改善させたことを突き止めた。彼は、自己免疫疾患にも有効な可能性を見ていたが、発見するもなかなか研究を進められず、時間だけが過ぎていったという。

いろいろな圧力にも屈せず、研究は続けられ、PTSD（心的外傷後ストレス症候群）、統合失調症、肥満、一部のがん、また抗がん剤の副作用の緩和などを、次々研究発表していった。私も大麻研究の父が見出した〝エンドカンナビノイドシステム〟という仕組みを知り、目から鱗が落ちた。

♣エンドカンナビノイドシステム

ミシューラム博士らは研究の中で、人間の体内に大麻草の成分を受け入れる〝受容体〟を発見した。「〝受容体〟という〝鍵穴〟が存在するということは、〝鍵〟となる物質もまた、体内にあるのではないか？」という仮説に基づいてTHCに似た成分を探したところ、発見されたのが〝アナンダミド〟という神経伝達物質だった。

そして、人体が生成する大麻成分に似た働きをする神経伝達物質は、まとめて〝エンド（内因性・体の内側の）カンナビノイド〟と呼ばれている。つまり人間の体内には、太古の昔から大麻の成分と似た物質が存在していることがわかったのだ。

エンドカンナビノイドシステムは、私たちの人体のバランスを取るという働きをしてくれている。

暑ければ汗を出す、汗をかいたら喉が乾いて水分摂取を促す。血糖値が下がったらお腹が空く。いろいろなことを、体は自動調節してくれている。大麻がいろいろな効果を見せてくれることの理由は、ここで証明されてきているわけだ。

参考：『お医者さんがする大麻とCBDの話』（正高佑志著・2021年・彩図社）

♣アメリカで狼煙は上がった

医療大麻がアメリカで大旋風を巻き起こしたのは、てんかんの少女・シャーロットちゃんの治療の成功が報道されたことがきっかけだった。

シャーロットちゃんは激しいてんかんを持ち、１日何度も発作を起こしていた。その発作は激しく、両親はできる限りの手を尽くしたが改善は見られず、薬の量は増えるばかりだった。

〝大麻草がてんかんによい〟という情報を耳にした両親は、大麻草から抽出されたＣＢＤにたどり着いた。

ＣＢＤの治療が功を奏して、シャーロットちゃんは回復を見せ、断薬もできた。

このＣＢＤが優位の品種には、〝シャーロッツ・ウェブ〟という名前がつけられた。

その後、シャーロットちゃんの番組がＣＮＮで放送されたことがきっかけとなり、医療大麻が認知され、アメリカ社会の動向を大きく変えたのだ。

しかし残念ながら、シャーロットちゃんはコロナ禍により命を落としてしまった。


今、日本でもＣＢＤなどの使用が可能になった。これは、シャーロットちゃんのおかげといっても過言ではないと思う。

以前も、医療に大麻草は使われていた。戦前は薬草として、煎じたり、食として取り入れたり、チンキのような形で抽出したものを利用していたのだと推測される。

研究が進んだ今の日本では、ＴＨＣ、ＣＢＤ、ＣＢＮ……分離されたものを効果的に使うということが、医療大麻の流れになっている。

それは〝今の西洋医療、病院システムの中に取り入れるにはどうしたらよいか〟ということを考えたやり方であると思う。

病院に行き、診断検査をして先生の判断を仰ぎ、薬剤を出してもらう。

ここで、薬として使えるかどうかが認められるか否かな訳だ。

漢方薬のように使うことや、民間療法に役立てられるかについて、研究も、検証も、議論もできないのが現実である。


私が大麻草を治療として使えたらよいなと思う点は、次のようなものだ。
・種類や量を適量とれば、質のよい眠りができる
・抗がん剤治療中に食欲がなくなり、そのままだと体力が落ちてしまうような時に、食欲をもたらしてくれる
・神経の痛み、筋肉疲労、緊張などの緩和

・煙にして吸うことだけではなく、ハーブティーとしていただく、チンキなどにしてマッサージなどに使う
・医食同源として、少し料理に入れて生薬《しょうやく》（漢方薬の原材料）のように使用する
・葉っぱの一枚くらいをお湯に浸して飲む

こんなことができるといいなと思う。

それには、安心安全な自然農法などでの生育が必須となる。

私が生きているうちに、日本でもそうした使用ができることを願ってやまない。

自分で育てたものには愛情も込められるし、自分で管理するわけだから何より安心できると思うのだ。

庭に生えている蓬《よもぎ》のように……。

神様が与えてくださった一つの植物を利用することに、利権を奪い合うことは愚かだ。

♣麻薬と戦争

覚醒剤（アンフェタミン、メタンフェタミン）は19世紀末に生み出された。

それまでも中国で麻黄《まおう》は漢方薬として使われていたが、1937年にアメリカの製薬会社がアンフェタミンとして市場にデビューさせた。

中国では、麻黄は風邪薬や集中力、覚醒度を高めるために効果的で、夜警などの夜間勤務の際に使われていた。これが戦場で使われないはずはない。19世紀後半には飛躍的に発展をした。

1938年に始まったナチスドイツでの兵士へのドーピング。その後、イギリス、アメリカ、日本でも覚醒剤は配布されたという。その際、リラックスさせてしまう作用のある、アルコール、アヘン、大麻は「酩酊の毒」とされて、使用が非難されるようになってしまった。

1939年9月、ナチスドイツのポーランド侵略時には、覚醒剤は「突撃薬」として使われ、オランダ、ベルギー、ルクセンブルク、フランスを征服する過程で3500万錠以上が兵士に支給された。

第2次世界大戦の際は、連合軍も熱心に兵士にドーピングを行っていた。特にパイロットには眠気防止用として、軍の正式な支給品となっていた。イギリス軍は第2次世界大戦で7200万錠のベンゼドリンを使用したといわれている。

第2次世界大戦中のアメリカ軍では、兵士1200万人全員に行き渡るのに十分な量が支給されたといわれている。また、1941年12月の真珠湾攻撃当時、日本国内には24種類のアンフェタミンやメタンフェタミンを含む覚醒剤が販売されていた。

この年には、ヒロポンの製造が始まっていた。ヒロポンは、1919年に日本人薬学者が初めて合成した「メタンフェタミン」である。

政府はこの薬物を戦場に投入していた。その名は「戦意高揚剤」。軍も〝戦争のため〟といいながら使い、軍需工場の生産を増やしていった。

特攻隊の恐れを知らない行動は、この薬物と関係がないといえるだろうか？

第2次世界大戦後も、アメリカは朝鮮戦争（1950〜1953）、ベトナム戦争（1954〜1975）でアンフェタミンを兵士に支給した。ベトナム戦争では、デキストロアンフェタミン（製品名「デキセドリン」）がキャンディのように配られたということだ。

1986年のリビア空爆、1990〜1991年の湾岸戦争でも使われ続けてきた。

「こうしたことが、ウクライナ、イスラエルで行われているのではないか」という疑いを持つのは当然だと思う。

「なぜ、あんなに残酷なことができるのか？」

戦争には、こうしたカラクリがあることを忘れてはいけない。

そして、国家、国連が「麻薬のない世界」とうたい出し規制をかけ始めた時と、世界に戦争が加速して増えた時が重なっているところにも意味深いものを感じる。

危険薬物はバイバイゲームで増え続け、今は恐ろしい麻薬が生み出されている。

フェンタニルという薬物は、モルヒネの100倍、ヘロインの50倍の作用だという。

ネット内で時々見られる、カナダのヘイスティングストリート（バンクーバーで最も治安の悪いエリア）の映像は、日本人には刺激的すぎる。しかし、こうした映像はやばそうなところばかりを切り取っているので、真実は自分の目で見にいくしかない。SNSに流れる情報は、〝いいね！〟や視聴回数を稼ぐため、捏造があることを忘れてはいけないが、無知で劣悪な環境に生まれ育った人が麻薬に溺れることは真実だし、あとを絶たない。

薬物依存者を責めるだけでは何も変わらない。こうした危険なものを製薬会社はせっせと作り、その利権を貪る人たちがいるという側面にこそ目を向け、メスを入れなければいけないと思う。

♣合法化への道のり

１９６０年代、再び薬物の使用が表沙汰になり始める。ベトナム戦争などで心身ともに痛手を被ったアメリカの若者が反戦と平和を訴える活動が活発になった。ＬＯＶＥ＆ＰＥＡＣＥを掲げたその人たちは、フラワーチルドレン、ヒッピーと呼ばれた。日本でもスピ系や自由に生きる人をお花畑と称するのは、この辺りから来ているのではと思う。芸能界を去った私も、どうやらこのカテゴリーに入れられているみたいだ。

この頃、界隈ではサイケデリックス、大麻草が広がりを見せた。大学の授業の実験として、派手に薬物規制に異見を唱えたティモシー・リアリーが逮捕された。

大麻草は、アメリカでは１９７１年より規制物質法のスケジュール１（医療用途での利用は認められず、乱用の可能性が高い）に分類されている。これにより、世界中の国々が振り回されることになった。

しかし、研究者は密かに研究を続けていた。１９６４年には、先に話した通りラファエル・ミシューラム博士がＴＨＣの単離など、大きな転換を起こしたのだ。

しかし、アメリカでは1976年には製薬会社に利権を与えるためか、大学などでの研究も禁止にした。この頃から、〝天然の大麻草は危険〟という発信が始まったわけだ。

同年、アメリカで初めて医療大麻の有用性を訴える裁判が行われ、判決が下された。

原告のロバート・ランドールは緑内障を患っていて、「治療のために大麻草が必要だ」と、自分で栽培し使用をしていた。そして、自宅で大麻草を吸引していたところ、逮捕されてしまったのだ。

彼は、その緩和治療の記録を残しており、裁判で勝訴した。この裁判は、〝大麻草に医療的メリット〟があることを知らしめた結果となったのだ。

1977年には、全米で1000万人以上が大麻草を栽培・吸引をしていたという記録も残っている。


1980年には、サンフランシスコに大麻草入りブラウニーを焼いて、HIV（エイズ）患者に配るおばあちゃん（通称ブラウニー・メアリー）が現れた。

彼女は当時、HIVを患う人が増え、その人たちは免疫が低下し、衰弱していることを知った。それに対し、大麻草が有効だということで、彼女は振る舞い続けたのだ。

大麻草が違法物であるがゆえに、彼女はたびたび逮捕された。

１９９２年、３度目の逮捕をされた。しかし、このニュースは世界を駆け巡り、人々に医療大麻という認識をもたらす。その結果、彼女は無罪を勝ち取った。

そして、医師の友人とともにＨＩＶにおける大麻草の短期効果の実践プロジェクトを立ち上げ、５年後の１９９７年には国立衛生研究所より１００万ドルの資金を提供してもらい、国立薬物乱用研究所から大麻草の提供を受けられるようにしたのだ。

１９９６年には、カリフォルニア州で医師の指示の元、個人的な治療に関する大麻草の所持・栽培が認められることになった。

２０１８年、カナダの解禁をきっかけに、世界では解禁が加速しているのが現状だ。

♣変容してしまった大麻草

最近の大麻草のニュースでは、若年層への広がりを危惧するという内容が多く見られる。

私も、このことはとても心配している。

私には、大麻を通じて伝えたいことがあった。しかし、逮捕という出来事で、私を乗せた船が座礁してしまった。逮捕時のメディアの報道で、〝高樹沙耶のイメージ〟は真っ黒に塗りつぶされて、希望が見えなくなってしまった。それでも、しつこくSNSを通じて発信はやめなかったが、その時の報道を覆すような威力はなく、失った信頼を取り戻すことは容易ではなかった。メディアも政府も、本当の真実を明らかにすることは避けていた。今でも避け続けている。

そろそろ私もこの件からは遠のきたいと思い、この機会に伝えたかったことを書き残しておこうとしている次第である。

２０１８年、カナダが嗜好用大麻を合法化してから、次から次へと合法化を発表する国が続いている。一人ひとりが情報を簡単に手に入れられる時代に、若い人が大麻に興味を持つのは当たり前。しかも、グローバルにビジネスを展開できるシステムは、順調に進んでいるのが現状だ。

大麻草に興味を持てば、今の日本では闇で簡単に手に入れることができる。このような環境だからこそ、大麻草の有用性や、有用な使用法などの正しい知識を教育するとともに、大麻取締法を改正して、適切に使用できるようにするべきだと思うわけだ。

医療用大麻が認められた現在でも、70年前に決められた文言を繰り返す日本の教育は、「ダメ。ゼッタイ。」だと思う。


今、出回っている大麻草は品種改良がなされ、何万種類という品種が世界中に広がっている。

例えばトマトにしても、プチトマト、アイコ、大玉、中玉〇〇産など、世界中には甘さや美味しさを追求した沢山の品種が出回る。大麻草も同じで、ＣＢＤが強め、ＴＨＣが強め、ＣＢＮが多め……。大麻草に含まれる成分は、今わかっているだけで１６０種類ほどあるといわれている。

この成分のバランスを調整した種を作り出す技術は、既に確立されている。移植できる技術を含めると、無限に種類は作り出せる。

そして、自然栽培から、室内で化学技術を駆使した栽培もできる。

その際、化学肥料やＬＥＤライトなどを使った種類などは、かつて自然界にあった大麻草とはまるで違うものになっている可能性があるわけだ。

そして、栽培のあとの抽出や、加工品にしていく過程では、どんなことが行われているか知る由もない。だから、今、世界中で広まっている大麻草、大麻の製品には、本当に気をつける必要がある。

また、大麻草が禁止されていることにより、かえって業者は莫大なお金を稼ぐことができる。日本では1グラム2000〜10000円という値段で売買されているという。リスクを冒しても、販売に手を出す人がいるのは当然だろう。粗悪品をつかまされることもあると思われる。

それと私は、西洋医療の中に大麻草を取り入れるのではなく、漢方薬（漢方の生薬）としての利用方法が適していると思う。蓬のように、料理に混ぜて毒消しの役割として使用するとか、お灸のようなものやお線香として使うとか、チンキやオイルにして使うなど。そのためには、個人で使う分くらいの量は、栽培を認めてほしい。実際、海外ではそうした動きになっている。

一方、人間には〝耐性〟があり、常用していると、より強く、より多く使用しないと体が反応しにくくなる。だから、大麻草の常用には気をつけなくてはならない。

若い人たちが、前述のような、かつて地球にはなかった種類の大麻草を常用すれば、それは間違いなく新たな問題を生むだろう。耐性は必ず現れるので、あまり若いうちから大麻草を取りすぎると、刺激が足りなくなり、覚醒剤へのゲートウェイになりかねないのは事実といえると思う。

そもそも、若い人は普通に健康なら、カンナビノイドを外から取り入れる必要はないと思う。大麻草は、加齢やストレスに悩まされる高齢者にこそ使ってほしい。

しかし、高齢者には真実が伝わらない。

私の親もそうだが、多くの高齢者はお医者様のいう通り、従順に病院の薬に依存し続ける。これだけ「大麻草は悪だ」と洗脳されると、全く聞く耳を持たない。大麻草について「自分で調べる必要はない」と、心の扉を開いてはくれない。

こんなに政府やメディアのいうことを忠実に聞く国民に対して、政府や、厚生労働省の仕事は、「大麻草を禁止して、使用者には罰を与える」のではなく、「適材適所適量を研究し、その情報を国民に与える」ことが正しいのではないかと思う。

先日、大麻取締法改正が議論されたが、ずっと大麻草のことを考え、世界の流れを見てきた私や仲間たちの間では、２０２３年から始まった大麻草に関する法改正の方向は、残念すぎる議論と結論だということで一致している。

結局、新しい利権を増やし、古い利権を守るということになったと感じた。

正しいことを伝え、正しく有効利用できるように調査し、制度を整え、犯罪として人を捕まえ晒し者にすることに力を入れることのない、国民の健康と繁栄を担う厚生労働省であってほしいと、ずっとずっと思っている。

♣依存

大麻草の議論になると必ず出てくるキーワードに、〝依存の心配〟がある。

私個人の感想としては、大麻なんかよりも、スマホやテレビの依存のほうが恐ろしく、悪影響があると思っているが。

まず依存について語る前に、認識しておくべきなのは、「人間自体が、何かに依存しなければ生きてゆけない生き物である」ということ。そして理解すべきは「その物の性質」「私たちに与える影響」「適材適所適量とは？　を知ること」

大麻草において、適材適所適量を間違えば、中毒を起こす危険がある。しかし、なにごとも「過ぎたるは及ばざるがごとし」といわれるように、アルコールやタバコ、工事現場で使用される薬物（シンナー）などでも起こることだと思う。

現在、出回っている大麻草の中には、酩酊成分であるＴＨＣの量が増えているものが多く見られる。

お酒でも、アルコール度数は種類によって違う。ズブロッカは37・５〜65％、スピリタスは96％もある。ちなみにビールは５％程度。

大麻草のことをよく知らず、いきなりＴＨＣ度数の高い大麻を使用すれば、もちろん中毒症状のようなことを起こす。ましてや、「危険なもの」「逮捕されるかも？」「人間やめますか？」と教えられてきた言葉が頭をよぎり、ますますパニックになる可能性は高い。

「やっぱり怖いものなんだ」ということになる訳なのだ。

お酒に関しては、皆さんも知識豊富なので、調子に乗ったりしなければ、普通に楽しめている。

もし、大麻が合法になり、真実の情報や、使用の経験値が増えれば、お酒と変わらない状況になると、私は思っている。

今、大麻解禁をネットなどにあげている人の多くは、割と調子に乗ってしまっていることが多く、それを見た大麻アレルギーの方たちは、「だから大麻はダメでしょ！」というところで話が止まっている気がする。

社会的に成功している方たちは、この件に触れることはリスク以外何もないと思っているので、表には出てこない。こういう方たちが発信すれば、権威主義の社会では理解を得られるのだが……。蓋を開けてみて、大麻の情報の正しいことが伝われば、普通の多くの人は上手に向き合えると思っている。

次に、現代人の多くは〝合法的な薬の依存症〟になっていると思う。

皆さんは、体の不具合があると病院に行くことが多いだろう。定期検診を受けた際に、数値に問題があるなら薬を勧められるはずだ。

血圧に問題がある人は降圧剤を処方されるだろうし、眠れない人は睡眠薬を必要とするはずだ。

つまり、「現代医学が認めている薬なら安心」と思っている人が多いと思う。

しかし、本当にそうだろうか？　１００年前に、こんなにたくさんの人が薬に依存していたのだろうか？

もちろん、医学のおかげで人類は長寿になっているかもしれない。しかし、それが真の健康といえるのか？

これも、実は薬物依存症といってよいと私は思う。酩酊成分の強いものだけが悪者扱いを受けて、規制されていることには、大いに疑問を感じている。

右を見ても左を見ても、薬局ばかりの日本は何か変だ。

ラーメン、チョコレート、ポテトチップス、コーラ、ケーキ、博打。魅力的だからこそ、人は何かに依存してしまうもの。特に砂糖への依存は、私たちをたくさんの病気に導いているという考察をよく見かける。

かつては漢方で生薬とされていた植物であるにも関わらず、大麻草だけを排除し、それに関わるものは罪人となるということが、とにかくおかしいと思う。

薬物に詳しい精神科医の松本俊彦《まつもととしひこ》さんは、著書『薬物依存症』（2018年・ちくま新書）で、〝簡単に手に入れられる市販薬の代替ドラッグが、10代の若者の間で増えている〟、〝ネズミの実験からわかるように、問題の根本は私たちが生きる社会的環境の劣化である〟と述べている。

だから、犯罪者として社会から弾き出すのではなく、違ったアプローチが行われることを祈ってやまない。

♣日本においての大麻草

1945年、私たちの国は「ポツダム宣言」を受諾しGHQの支配下に置かれた。その際に、「麻薬原料植物ノ栽培、麻薬ノ製造、輸入及び輸出等禁止ニ関スル件」の公布を受け、大麻草は違法薬物のカテゴリーに入れられてしまった。

「植物（大麻草）を絶滅せよ」

この命令に、当時の人は戸惑いながらも服従するしかなかったのだと思われる。しかし、そのような中において、国をあげて再三お願いをし、繊維の採取を目的とする大麻栽培は許され、今なお免許制という形で残されている。

当時の栽培者は2万3902人。1950年には3万7313人。これは、戦後復興に必要とされたので増えたということだ。しかし、1964年には7042人、1974年には1378人、2022年では25人となってしまった。

戦後に化学繊維が台頭し、大麻草の恩恵は忘れられていく。

戦後の日本人は、大麻草の繊維で作った衣服を着て、木造の家の土壁には大麻草が使われていた。大麻草は、土壁の強度を高めることや、室内の湿度調整に役立っていた。

皆様も記憶にあると思うが、コーヒー豆の袋も大麻草から作られていた。大麻草の繊維は腐りにくく、殺菌効果もあり、食料などを運ぶための流通の梱包材としても使用されていたのだ。

大航海時代には、帆船の帆布も麻でできており、麻製の繊維が乗組員の服にも使用されていた。

意外なところではルーブル美術館にある世界中の絵画は、何に描かれているのか？

それを、私たちはキャンバス（カンバス）と呼んでいるが、これは大麻草（カナビス）からきている。

そして、日本の国技である相撲の横綱の綱も、大麻草でできているのだ。

また、大麻草には、「天皇皇室を示す」という意味があるのをご存じだろうか？

伊勢神宮のお札（神宮大麻）などにも記されているが、神道では大麻草は神の依代《よりしろ》とされていた。

神社にお参りに行く際もお賽銭の箱の上に鈴緒《すずお》が取りつけてあるが、その鈴と私たちを結ぶように降ろしている綱は大麻草でできている。

神道では清浄を重んじており、大麻草には罪、氣枯《けがれ》を払い、清浄にしてくれる働きがあると信じられてきた。

皆様も、神社で正式参拝などをする時に、お祓いを受けることがあるだろう。その際、本来ならば幣《ぬさ》という、大麻草の茎の部分をなめした黄金色の精麻を使用する。しかし、大麻草が禁止されてきた歴史の中で、それが紙にすげ変わってしまっている神社さんが多いのではないか。

形だけが残った……ということかなと、悲しくなる。

生活様式が西洋に倣《なら》えになってしまった今は、大麻草の恩恵を受ける必要性を忘れさせられてしまっている。しかし、かつて日本の中だけで暮らしを支えられていた時代、持続可能な暮らしができていた時代には、必要不可欠であったものには違いない。

大麻草が使用できなくなったのは、ほんの80年ほど前に決められた政治的なこと、ただそれだけのことなのだ。

大麻草の研究は、既にたくさんの書籍にまとめられている。興味を持たれた方のために、いくつかお勧めの書籍を以下に記載するので、ぜひお読みいただければと思う。

『大麻草と文明』（ジャック・ヘラー他著・Ｊ・エリック　イングリング訳・２０１４年・築地書館）

♣大麻を摂取するとどうなるのか？

学術的な説明や、賛成派や反対派の話はもう十分聞いた！

国は「大麻は麻薬」といい、幻覚を見るという。

賛成派は「さまざまな病気に効き、リラックスできるただの植物」という。さて、どちらが本当なのだろう？

で！　大麻を摂取すると本当はどうなるのか？

経験のない人は、実はそこが一番知りたいところだと思うので、少し触れておこうと思う。なお、ここで申し上げておきたいのは、私は過去に大麻を吸ったことはあるが、現在は吸っていないということ。現在の私は身辺はきれいである。当局から目をつけられている状況では、当然のことである。

まず、アルコールに強い人、弱い人がいるように、「大麻に関して何も感じない」という人から、「ほんの少しでも効果が大きい」人もいる。なかには、そばアレルギーのように急性のアレルギー症状が出てしまう人もいるので、「人それぞれ、かなり違う」ということは基本として頭にいれておく必要がある。

煙を吸引した時には、気管を通る時にせき込んだり、むせたりする。吸い込んでしばらくすると、「緩やかな風が吹いたように、全身の産毛が波立つ」ような感覚に襲われてくる。

体は暖かくなる場合もあるし、寒気に襲われる時もある。

日頃と違う感覚に襲われるため、不安になってしまう時もある（この不安感が強い人は、しばらく〝かつての自分〟と〝新しい感覚〟の中で葛藤が起こる）。

真面目で固定観念が強い人は、この葛藤が大きい気がする。

日頃から考えすぎない、楽観的な人は、力を抜き、その感覚を受け入れることができやすい。その緩んだ感覚を受け入れることができる人は、聴覚や、味覚や、皮膚感覚が敏感になっていることを確認できる。

若い頃は、私も味覚の感覚が研ぎ澄まされ、アイスクリームをバカ食いしてしまった記憶がある。この状態を、界隈では「マンチー」という。

大麻を摂取している時は、現代社会の中で、早いスピードで行うこと、議論することなどに適応しにくい状態になる。

運転に関しては、大麻の酩酊に慣れていない時は危険なのだが、その感覚に慣れた人は口を揃えて「気がつくと、安全といわれている法定速度で走ってたりするんだよね」といったりする。この感じについては、研究の余地がありそうだ。

車社会である現代では、お酒と同等に扱うべきと思う。

また、よく「大麻を吸うと記憶が低下する」という記述があるが、確かにそういう傾向になるのは確か。

ついさっきまで話していたことを忘れ、

「ん！　今、何話してた？」

みたいなことはよく起こる。このもの忘れや酩酊は、脳内の考えるという場所、もしくはそうした思考に関する何かの神経回路のようなもののスイッチをオフしてしまう働きがあるのではないかと思う。

右脳（創造的な脳）と左脳（論理的な脳）の話でいえば、右脳を優位にして左脳がオフになるという感じである。


マザー・テレサは、このような言葉を残している。

「思いが言葉になり、言葉が行動になり、行動が人生を作る」

ことの始まりは、人が思うことから。そして、その思いが病を作るのだと思う。現代の日本人は、さまざまなストレスに直面し、頭で考えすぎている。そのことが、さまざまな病をもたらしているといえる。

「病は気から」を信じている日本人なら、なんとなく理解してもらえると思う。

この「忙しい思考を休ませてくれる」ところが、大麻草の酩酊の利点だと私は感じている。

このような大麻草の利点を生かせば、病を生み悪化させる「ストレス」の害を防ぎ、漢方薬のように体調を全般的に整えるのに役立つと思う。

私はじっとしていることよりも動いていることが好きなので、実は大麻草のまったり感はそんなに好きではないのだが、体が痛い時、頑張りすぎた時、眠れない時、考えすぎな時などは、あったらいいなと思う。

大麻を使用して恐ろしい思いをしたことは、一度もなかった。

現代の日本では、本来、自分の健康のために役立つ大麻を、法律の縛りのために使用できないこと。そして私の場合は、大麻所持により多くの報道番組で人格を否定されるような報道をされ、「懲役1年、執行猶予3年」の罪を償ったあとでも、人格が否定されたままなことは、本当に恐ろしいと思う。

今後、大麻の使用が解禁される時のために、「ただし！」ということも書いておこうと思う。

適材適所適量を守らない場合は、アルコール中毒のようになってしまう場合もある。知識のないもの同士が、製品の良し悪しもわからず、適量もわからないで使う場合は、よい経験どころではなく、なんらかの不愉快な経験になってしまうことも多い。

「新種のお菓子が出たから！」「今、流行っているみたいだから！」くらいの感覚で手を出すのは「ダメ。ゼッタイ。」

幻覚は見ないにしても、精神変性が起こる物質が入っている訳なので、成分と量を間違えれば、よい経験を得ることはできない。

よい使い方をすれば、「落ち着ける」「眠れる」「食欲が増す」「心身が緩む」といった、よいサポートをしてくれる。

だから若い方より、高齢の方のほうが、より大麻草のよさをわかっていただけるのではないかと思う。

そのよさを知ってしまった私も、全く使えないということに我慢ができるのだろうかと思った。

2022年、タイが嗜好用大麻の解禁に踏み切った。

その年の12月、Hemp《ヘンプ》のフェスティバル、コンベンションが、タイバンコクのクイーン・

シリキット・ナショナル・コンベンション・センターで行われた。Ｇ７の会場になるくらいの大きな会場で開催されたのだ。

そのイベントに参加するため、私もタイに行った。

会場は、ものすごい数の業者さんで溢れていた。街に出かければ、大麻のショップがあちこちにオープンをしていた。

裏路地を歩けば、普通のおばさんが鉢植えの大麻を育てていた。ホームセンターの苗木売り場には、大麻草の鉢も売られていた。

喫煙スペースがある場所では、タバコ同様に大麻を使用しても何も問題がないという世界を感じた時、胸のつかえがスッとなくなり、心がすごく軽くなったことを思い出す。

そして、「日本では使えないものだから余計に気になるし、ダメといわれれば余計にほしくなるんだな」ということも、その時強く感じた。

解禁になったタイに、アジア圏の若い人たちが押し寄せてきているという話を耳にした。

この本では何度も書いているが、若い方の過度な使用は本当に注意が必要だと感じている。若いうちから大麻を使用し続けてしまうと耐性がつき、高濃度ＴＨＣを求めるようになるので、そこを理解してほしいと思う。

恋愛と同じで、〝初めて人を好きになり、成就した時のあの喜びは2度と味わえない〟ように、〝あのすばらしき経験は、もう一度はない〟ので……。

そう思うと、これから初めて大麻を経験する方は、どこで誰と、どんな栽培者の手により栽培されたものかという、set settingがすばらしいものであれば、〝まだ経験していないことを知ることができる、すばらしいチケットを持っている〟ということになりますね！

今、世界中で解禁が始まっており、大麻草を経験できるリトリート施設やリゾートができている。

この世に絶望して「死んでしまおうか！」などと頭をよぎったことがある方は、死ぬ前に一度は、安心な状況下の中で経験をしてから決断をできるようになればと思う。

「もう少し生きてみようかな？」という気になれるかもしれない。

日本はこれから高齢者社会になるので、嗜好大麻の議論も進めていただき、まずは60歳からは自分で7鉢まで栽培してよい、そんなぐらいにまで法改正を進めてもらえたら嬉しい限りである。

医療費削減に、絶対貢献できると思う。

♣自論

私は１９６３年生まれなので、２０２３年にとうとう還暦を迎えた。

〝還暦のお祝い〟にとでもいうべきか、大麻の合法化を訴えている〝医療大麻のお医者さん〟正高佑志《まさたかゆうじ》さんから「姐《ね》ーさん、僕の曲に、一発バース蹴ってくれませんか」とお願いをされた。

これは、ヒップホップもしくはラップという部門の言葉で、「一曲、ご一緒に歌っていただけますか？」

という意味だった。

かつて作詞はしたことがあったが、歌はレコーディングしたことがなかった。

依頼された曲のその詩は、限られた文字の中で私の人生を振り返るのに、十分に面白い内容だった。

２０２３年６月にリリースをすると、毎日１万回ずつ再生され、３ヵ月で１００万回再生を超えた。

“legalize it”（合法化せよ、という意味）
まだ聞いたことのない人は、ぜひ聞いてほしい。
youtube.com/watch?v=xhO8yyTM-rY
2024年8月現在、150万回再生に到達している。
ご視聴くださった皆様、ありがとうございます。

2024年の春、沖縄県中頭郡《なかがみ》のライカムという総合商業施設のフードコートで、1人で食事をしていたら、小学3年生の男子3人に「一緒に写真を撮ってください」と声をかけられた。

私からしたら孫ほどの年齢。私はかなりイカれた生き方をしてきたが、大麻取締法改正に際して立ち上がったのは、若い世代へ何か贈り物ができたらという思いが強かったから。だから、これからの未来を生きる子供に声をかけられて、とても嬉しかった。

今回の理不尽な大麻取締法改正で、少量の大麻草を所持、使用しただけで日本人が犯罪者となること。そして、特に若い人たちが正しい情報を教えてもらえないまま、罪に問われるということに、どうしても納得がいかない。

そもそも、80年近く前に大麻取締法が制定された理由は、「アメリカから押しつけられた」ということだけ。

その時決められたことが、立法趣旨は曖昧なのに、今だに「法律があるから」ということだけで、政府もメディアも同国民を犯罪者にし、恥ずかしめをし続けている。

大麻の真実を開示し、ただ有効利用すればよいだけのけっこう簡単なことなのに、なぜここまで執拗に規制をかけ続けるのか？

北海道でも東北でも、まだまだ自生してしまう植物を、税金を使ってわざわざ撲滅する必要はあるのか？

また、本来は利用価値が高いものなのに、法律があるだけで、大麻草を所持、使用すると執拗に追いかけ回され、逮捕されるという、日本の状況は正しいのだろうか？

製薬会社に関わる利権が絡むことなのだろう、とか？

戦争に負けた私たちには選択の自由はないのだろうか、とか？

と妄想し続けるしかない、小市民の私には、そのカラクリを解明することはできない。

一体、どこの誰が取り仕切っているのだろうか？

私は逮捕されたあと、ずっとモヤモヤした気持ちを引きずっていた。

大麻草のことを調べていくうちに、私にはいくつかの疑問が生まれていた。

〝WHOという団体のこと〟、〝日本のメディアの情報の出どころ〟、〝厚生労働省というところ〟、〝日本の政府というところ〟。

1948年に、WHOという組織が立ち上がった。その年、日本ではGHQ占領下のもとで大麻取締法が制定された。

それまでは、大麻は漢方薬の材料としても、農作物としても、工業用の材料としても、生活の必需品として日本人とともに暮らしていた。

しかし、この法律の制定後、メディアを通して「大麻草を使用するものは悪魔に取り憑かれ、酩酊し、社会を乱す」という内容の洗脳教育が始まった。

それと並行して、私たちの食生活は伝統的なものから、西洋風を取り入れた、多様なものへ変わっていった。

「日本は食品への添加物の使用量が世界一」ということを聞いたことがあるだろうか？

海外に行かれた方はわかると思うが、病院やドラッグストア、コンビニエンスストアがこんなに多い国はなかなかない。

こんなに医学、科学が進んでいるのに、病気で悩む人はあとを絶たない。

それもおかしいと思う。

定期検診を行い、その数値により薬が提供される。

「ひどくなる前に」といわれ、降圧剤などを飲んでいる人の数（約４０００万人）には驚く。

降圧剤以外でも、病院で処方される薬の数の多さに、「？」と思う方は少なくないと思う。

多くの国民が、病院だけではなく、テレビや政府のいうことを完全に信じて疑わない。

テレビや新聞で一斉にキャンペーンを行えば、簡単に信じて飛びつく傾向が、日本では強い気がする。

大麻草について、皆様が持つイメージや情報は、一体どこから、どのように伝わってきたかを考えてほしい。


そんなモヤモヤした気分の中、感染症騒動が起こった。

２０１９年12月、新型コロナウイルス感染症（COVID19）が中国の武漢から始まった。

テレビやＳＮＳを通じて流された患者の様子や、発症時の報道は、常軌を逸していた。

そして、２０２１年からワクチン接種が始められた。まるで用意されていたかのような、スピード認可だった。

私からしたら怪しさ満点だった。

私は当初からマイナス何十度かで保管されなければいけないものを、体に入れる気持ちはまったくなかった。

そもそも私は、前述のように、ＷＨＯや、厚生労働省に疑問を抱いていた。

それは、大麻草の真実を追いかけて見つけた、この社会の仕組みに関する疑問から始まったことだ。

まさか、このコロナから全貌が見えてくるとは思いもよらなかった。

コロナ禍で、多くの人は家に閉じ込められ、日常を奪われた。そして多くの人たちが、ネットなどを通じて情報収集を始めた。

そこで話題に上り始めたのが陰謀論である。

・地震は人工的に起こされている
・Qアノンが世界を救う
・飛行機からケムトレイル物質（病気になるような物質）が撒き散らされている
・人工削減を企む人たちがいる
・イルミナティが世界征服を狙っている
・子供の血液を啜る人たちがいる
・2001年のアメリカ同時多発テロ事件は自作自演の詐欺
・影響力のある人気者はクローンだとかゴムの仮面をかぶっている偽物だ

嘘も本当もごちゃ混ぜにして、私たちを混乱に引きずり込んだ。

何が真実か？　不安な気持ちを収めようとした人たちの間で、いろいろな情報をもとに対立が生まれた。

私は、大麻推進運動で声を上げたあとの世間の反応を思い出し、ワクチンに関しては専門でもなく、よくわからないというのが正直なところだったので、公言することには恐れを感じていた。

以前、私が大麻に関していわれたのは、「大麻を吸いたいなら合法化されている国へゆけ」「日本から出てゆけ」「法を守れない人間には語る資格もないし、説得力に欠ける」……よくも悪くも、すごい反響だった。

「きっと、また同じ目に遭うな」と思ったので、コロナに関してはとにかく静観することにした。

予想通り、反ワクチンに対する魔女狩りは始まった。

「ルールを守れない奴は出てゆけ！」「反ワクは自分勝手！」

対立して争うことばかりが目についた。

政府とメディアと有名インフルエンサーはワクチンを勧める一方で、リスクについては言及していなかった。

そうなれば、ますます反ワクチン派は異端児扱いされる。

普通の人たちはコロナを恐れ、国家を信じ、有名インフルエンサーを信じる。同調圧力に押し潰され、ワクチンをせっせと打ち続けた。

お話は本当にややこしい、けれど現実は意外にシンプルだ、もしかしたら私たちはさまざまな情報に混乱させられているだけかもしれないのだ。

アメリカの大学でビジネスの学位を取る際に学ぶことに、フォロー・ザ・マネー（お金の流れを知っていれば、誰がどこで儲けようとしているか見えてくる。だからカモにされないですむ）がある。今起こっている出来事の背後で流れているお金の動き。それに目を向けてみようというお話。

この数年間に、どうお金が流れたのか？　それは確実に数字に現れているのだと思う。今回のコロナ禍では、一部の医療関係者、ＰＣＲ検査関係者、製薬会社、マスク生産業界、それに関わる研究者、医師らが収益を上げた。

風を吹かせて、桶屋を儲けさせる……。研究者の中からは、「コロナというウイルスは、とっくに怖がるに値しない」という意見も出てきている。恐れを煽ったのは誰？　それに協力したのは誰？

私には、シナリオありきで動いているとしか思えない。やはり、それは誰かの陰謀（計画）なのだろう。

そして、国民の税金で成り立っているはずの政府も、このお金の仕組みの歯車に取り込まれてしまっているのではないか。

WHO↓関連している各国↓通達通りに動く機関↓メディアに引き継がれる↓従う国民上からいわれたことを、粛々と遂行できる人間が重宝される。

異論を唱える人は立場を失う。

大麻草を禁止する構造と全く重なる……。WHOがいっているから…、結論ありきの議論…、結論を導きやすくするための専門家の有識者会議……。


コロナワクチンによる被害でご自分の命を危険に晒された、立憲民主党の原口一博《はらぐちかずひろ》議員の国会での勉強会、動画の発信を拝見していて、国会内でのことの進め方を目撃し、自分の中の謎が解けた気がする。

大麻草の問題はワクチン問題に比べたら比較にはならない案件だが、根本にあることは同じだと私はつくづく感じた。

そんな思いが共鳴したのか、久しぶりに映画の主演の話をいただいた。その作品は、高《たか》梨由美《なしゆみ》さんという女性が、ワクチンについて当初から疑問を感じ、反対運動をしてきたことを記した、真実のお話。

子供たちのために、有志の方々と共に、ワクチン接種を止めようと奮闘した物語なのだ。
「なんかおかしいな?」と思った人たちの点と点がつながる今度のワクチン問題。
「私はまた矢面に立つのか」と背筋《せすじ》が寒くなったが、私にはもう失うものはなしと、ありがたく受けることにした。

『レターパック裁判～勇者の証』

自主上映作品なので、共感していただけたら、あちこちで上映会を開いてもらえれば幸いです。

2024年5月31日、日比谷公園で「WHOから命をまもる国民運動」のデモが行われた。日本人らしく、暴動なども起こることなく、粛々とデモが行われた。参加者は推定5万人、ネットライブ配信で50万人の目に触れた。

日本における、いろいろなおかしなことの極まりが、このワクチンの問題だったのかもしれない。

我が国民の命、世界中の人の命が、蔑《ないがし》ろにされたのだ。

もう我慢の限界ということだと思う。その憤りの原因とは。

それは、「自分たちで自分たちのことを決められない植民地であるから」ということ。

私たち国民は、ぼーっと生きていると情報弱者として禿鷹にさらわれてしまうのだ。

私たち一人が何かしても社会は変えられないと思いがちだが、一人ひとりの意識が高くなり、自分で学ぶことを怠らない。そうすれば、もう少しよい社会になるのだと思う。


このコロナ騒動のことは、喉元をすぎても忘れてはいけない。二度とこんな恐ろしいことがないように、全てを明らかにして、前に進むべきだと思う。

無理（摂理に反する）には行き詰まりが来る。今まさに、そういうことを目の前にしている社会ではないかと思う。

♣希望

私はこの10年、かなり絶望的な気持ちに何度も襲われた。

しかし、私は日本という国に、一縷の望みがあると信じている。

地球と共存した持続可能な暮らし。それには、私たちの生まれたこの国に、すばらしいヒントが残されていると思う。

それは式年遷宮というもの。

遷宮とは、本殿を造営の際に、神体を移すこと。伊勢神宮では20年ごと、出雲大社では60年ごとに行われる。

出雲大社では２０１３年に行われた。このあとは、２０７３年まではその式典を見ることはできない。

親の代から子の代、そして孫の代へと、地域ぐるみで生きていくために必要なものや、知識・技術を伝承していく祭り事。伊勢神宮で１３００年前より始まったとされるこの儀式は、日本最大の祭りとされている。

本殿は、唯一神明造《ゆいいつしんめいづくり》と呼ばれる。式年遷宮により、建築技術、御装束神宝《おんしょうぞくしんぽう》などの調度品を現在に伝承することや、いつまでも変わらぬ姿を望めることの大切さが伝えられる。これは、〝国家の永遠〟を目指すために受け継がれてきたものなのだそうだ。

作り替えることによる技術の伝承だけでなく、そこに使われる材木や、さまざまな建築の道具、衣食住に関わるものの栽培や、農機具、食文化の継承、包丁から武具までの刃物などの伝承、人が豊かに暮らしてゆくための知恵の伝承の雛型を、祭りとして残している。

このような国に生まれたことのありがたさは、〝有ることが難しい〟という深い感謝を覚えた人には、身にしみることなのではないかと思う。

こうしたことを遺し伝えてきてくださった先人と、それを脈々とやり続けてきてくれた方々には深い感謝を伝えたい。

今、私たちが置かれている状況や問題は、一部の人の間では既に予測されていた。この現実は、やはり私たちはどこかで進むべき道を間違えてしまったためだと思う。

〝アメリカンドリーム〟という、誰かの夢に巻き込まれてしまったのだ。

今だけ、金だけ、自分だけ……。

お祭り住んで日が暮れて……残ったものは〝負の遺産〟というゴミの山。

原発は海を掻き回し、ソーラーパワーは山を削りまくる……。


今の私たちの豊かな暮らしのために、未来の人たちの分まで貪《むさぼ》る有様。

かつて地球にいた先住民たちは、七代先の子供たちに、先祖たちが大切に残してきた自然を渡していく。それが基本的な生き方であった。


私たちは一度立ち止まり、これまでのことを見つめ直し、この先どうすことが心から喜べる毎日とはどういう暮らしなのか、みんなで考える時が来たのではないかと思う。

コロナという出来事は、人類に〝立ち止まり見つめ直すように〟と与えられた機会なのだという気がする。

特別対談　脳神経内科医・GREEN ZONE JAPAN代表　正高佑志
高樹沙耶

二人の出会いと〝Legalize it〟

高樹　今日は、熊本で脳神経内科医をされている正高さんに来ていただきました。正高さんと私は、YouTubeで〝Legalize it〟（合法化せよ、という意味）というラップの動画を公開しているので、ご存じの方も多いと思います。
私と先生が出会ったのは、2017年のことです。私が石垣島で開いている宿屋の「虹の豆」に来ていただいたのですが、そもそもなぜ、わざわざ来られたのですか？

正高　私は縁があって2017年に一般社団法人GREEN ZONE JAPANを作って、医療大麻についての情報発信をしています。当時の日本は、その前の年に高樹さんが参議院選挙に出られて「医療大麻の解禁」を訴えていましたが、一般的には「大麻、ダメ。ゼッタイ。」が常識でした。それが今は医療大麻が一部合法になる。時代の変化を感じます。

活動を開始した当時、英語で「CANNABIS（カンナビス）」と調べると、信頼に足るような有名な大学や研究所の書いている論文がたくさん出てきました。それを日本語で伝える人がいなかったので、1本1本、わかりやすい日本語にして伝えていくことを始めました。それを続けながら、YouTubeを始めて、音楽活動も始めて、という感じです。

正高　その頃、熊本大学に入って何か研究することになった時に、「お医者さんが大麻に対してどのような認識を持っているか」を調べました。それで、神経内科の医師たちに「医療大麻をどう思いますか」と聞くと、半分以上の方が「医療大麻として使うのはいいと思います」と回答されたのです。「モルヒネ（アヘンから生成される麻薬性鎮痛薬）だって使えるし」という意見もありました。

そのアンケートに、「医療大麻という言葉を聞いたきっかけは何ですか？」という質問を入れ、選択肢に「芸能人・女優の逮捕」を入れたら、けっこう選んだ方が多かったんです。

高樹　誰のことをいっているのか（笑）

正高　その時に考えたのが、「高樹沙耶をきっかけに医療大麻を知った人が、『医療大麻は悪いものだ』とか、『あいつが大麻のイメージを悪くした』と思っているのなら、問題だ」ということ。それで調べたところ、「高樹沙耶をきっかけに医療大麻を知った人だからといって、高樹さんに悪いイメージは持っていない」とわかりました。

高樹 そうだったのですか。

正高 この件でご本人は大変な思いをしたでしょうし、人生も曲がってしまったでしょう。世の中の見方によっては、「あいつのせいで合法化が遅れた」といわれるのかなと思ったのですが、私が調べたところではそんなことはなかった。それどころか、「医療大麻」という言葉を世間に広める点においては、〝人柱〟として一定の役目を果たされたんじゃないかなと思いました。それで、ちょっと1回ご挨拶をしておこうと思い、石垣島にお邪魔したわけです。

高樹 正高さんが、最初に出された本に、「あなた（高樹）がいなければ、今の私はいません」と書いてあって、「あ～、もう頑張ってよかったあ～」と思いました。

当時、例えばてんかんの赤ちゃんをお持ちのお父さんから、直接、「医療大麻は、どのようにして使えばいいんですか？」と連絡をいただいても、私はお医者さんでもないし、販売者でもないから、そういうものを手渡すことはできない。「だから、

正高　今、活動をやっているんですよ」とお伝えしていました。でも、医療大麻に理解のあるお医者さんに出会えて、本当に助かりました。
そして、去年（2023年）6月、大麻取締法が改正されるという話が持ち上がった頃に、YouTubeで〝Legalize it〟という曲を発表しました。これは、私と高樹さんが、半生を振り返りながら大麻の合法化を訴える曲です。これがすごい反響で、発表後3ヵ月で100万再生を突破し、2024年8月には150万再生まで延びています。意外なことにTikTok経由で流行っていて、中高生の女の子が『物語のはじまり　花の都東京』なんてダンスをしたりして。

高樹　そのおかげで、女優時代の私を知らない若い女の子から、街で声をかけられるようになりました。

2016年の逮捕

正高　そもそも、高樹さんが大麻を吸い始めたのはいつでしたか？

高樹　18歳の頃かな。

正高　どんな気持ちがしましたか？

高樹　最初、よくわからなかった。

正高　よくそういいますよね。

高樹　体質的に、アルコールに弱い人がいるように、私は大麻に弱いほうだと思います。「毎日、寝る前に吸わないと」というようなヘビーユーザーから、「吸うとドキドキするからあまり吸わない」というライトユーザーまでいますね。高樹さんの場合は、あまり吸わなかった？

正高　やっぱりテレビで「ダメ。ゼッタイ。」って宣伝されているし、「試しに吸ったけど、こんなものか」という感じで、遠ざかっていました。やったことはあるけど、ハマることはなかった。

高樹　でも、そんな人が、なんで〝大麻合法化活動〟を始め、参議院選挙に出たのですか？

正高　私は東日本大震災の前から、環境問題について活動をしていました。それで、オーストラリアに行った時に「パーマカルチャー（持続可能な農的暮らし）」に出会ったり、ロハスが流行っていたり。「自給自足をして、オーガニックなものを食べて…」みたいな生活ですね。それを日本でやるにはどうしたらいいかを考えたら、「なんだ、江戸時代まで（自給自足の生活を）やっていたじゃん」っていう話になって。それで調べていくと、大麻の話も出てくる。

正高　嗜好品というより、ライフスタイルの話なんですね。

高樹　大麻で服を作っていたし、家の素材にもしていた。それで大麻に興味を持つうちに、その界隈の人たちと知り合いになっていって。

正高　それで、２０１６年に参議院選挙に出たわけですが。

高樹　その経緯については、この本に書いたのでそちらをお読みいただくとして。

正高　当時は、カナダが大麻解禁になる前だし、「医療大麻」はそんなに知られていなかった。私も高樹さんの選挙ポスターを見て「すごいことをいっているな」と思った記憶があります。

問題は、その後の逮捕劇の話です。

高樹　10月のある日、石垣島の私の家に、マトリ（麻薬取締官）が大量のメディアを引き連れてやってきた。

正高　高樹さんが刑事ドラマでやっていたような「このシーン、見たことある」みたいな感じで。

高樹　まあ、黒っぽい衣装というか、雰囲気的にはそうでしたね。当時、『相棒』というドラマで、主人公の警察官の奥さん役をやっていましたし。

正高　大麻で逮捕されても、普通は21日で出てこられるのですが…。

高樹　私は3ヵ月勾留されて、3ヵ月裁判なので、半年、おうちに帰れなかった。

正高　それは芸能人だからですか？

高樹　やっぱり、医療大麻解禁を訴えて、選挙に出たからだと思います。

正高　でもこの場合、大麻が敷地内から出てきたけれど、それについては一緒に住んでいた人が「これは私のものです」といって、高樹さんは「私のものではありません」といっている。

高樹　私が所有していたという証拠もないんですよ。私が買ったり、売ったり、作ったりしたという証拠はない。同居人のものであるのは明確なんです。

正高　基本的に、男女が一緒に住んでいたとして、男の人が大麻所持で逮捕されても、女の人は不起訴になることが多いですよね。けれども、やっぱりある種の見せしめというか。有名人だからですからね。

高樹　そうですよ。だって、同居している男性が100万円のお金を持っていて、それが

正高　私の家から出てきても、私のものではないのは明白でしょ。

高樹　そうですね。

正高　1万円ぐらい使っちゃうことがあったとしても、それは私の1万円ではないわけです。それに関しては、使用しているということにはなるわけですが。

高樹　その当時は、使用罪はない。

正高　だから、もしかしたらとことん闘えばなんとかなったかもしれないけど。でも3ヵ月間勾留されたら牙を抜かれます。闘う気をなくします。

高樹　いわゆる人質司法（否認や黙秘をしている被疑者を長期間勾留することで、自白などを強要するとして、日本の刑事司法制度を批判する言葉）ですね。

正高　闘っても、時間もお金もかかるし、私の場合は何がなんでも起訴されると思ったわけです。

高樹　だから、カルロス・ゴーンさんは海外に逃亡したわけで。その気持ちはわかりますか？

正高　わかりますよ～。

高樹　ていうか、やっぱり私は準備不足だった。大麻の活動をするにしても、選挙に出るにしても。

正高 確かに、あまり深く考えて行動するタイプではなさそうですね。

高樹 それは痛感しています。深く考えたら、こんなことはできない。

正高 選挙で医療大麻解禁を訴えようなんて…。

高樹 多分、思わない。

でも、私が選挙に出たのは東京選挙区だけだったし、私のような泡沫候補はテレビや新聞でも取り上げられない。だから日本全国でいえば、私が医療大麻のことを主張しているなんて、知っている人は少なかった。東京都に住んでいる人だって、知らない人がほとんど。

正高 それが逮捕された途端…。

高樹 MAX炎上ですよ。だから、あの瞬間が医療大麻の活動をしてきて、一番貢献できた瞬間だと。

正高 そうですね。さっきいったように、私がお医者さんを対象にアンケートをした時も、「医療大麻を知ったきっかけ」は、「女優等の逮捕」がいちばん多かった。だから、きっかけは逮捕というネガティブなことでも、結果的には貢献できたと思っています。

高樹　私的には痛かったけど。別に儲かるわけでもないし。やっぱり、「がっかりした」とか「昔のほうがよかった」といわれたり。テレビが作った印象で、「男にルーズだ」みたいなことが、みんなの中にこびりついている。私は、ある有名な俳優さんに、「芸能界で礼儀のできない女優の3本指に入る」なんていわれて。

正高　あと2人は誰だったんでしょうね（笑）。

それはともかくとして、確かに、あの時に投下された報道の資源たるや…。

高樹　多分、あれを広告代理店に頼んだら、200億ぐらいかかるんじゃない？

正高　テレビのワイドショーであれだけの尺を使ってもらったら、そうでしょうね。かなり、辛い時期でしたね。

高樹　やっぱり、拘置所から出てきた時が辛かった。

正高　入っている時よりも？

高樹　そうですね。拘置所にいる間は、とても平和です。推定無罪なので、労働をさせられることはない。21日の取り調べが終わったら、基本的に静かなものです。でも、拘束が終わって表に出てきて、ホテルでテレビをつけたら、これまで一緒に仕事をしてきたような人たちが「あの女は〜」なんていっているのを見て、もう号泣。「こんなことといわれていたんだ〜」って。

正高 浦島太郎みたいな感じですね。それで、精神的にもけっこうやられたそうで。

高樹 環境適応障害になって、3回ほど向精神薬のお世話になりました。

正高 半径10メートル以内の人が優しければ、随分違うんですけどね。

高樹 昔の日本には、近所にいろんな人がいて、コミュニティが成立していたけれど、今はほとんどありません。でも今は、間違いを犯した人に対して、徹底的に攻撃します。特に大麻は。

例えば、誰かが交通事故を起こしても、きちんと法的措置をして反省すれば、その先の人生で「お前、あの時事故しやがっただろう」ってずっといわれ続けたりはしない。でも、大麻の件は、ずっとそれが大きくいわれ続ける。

正高 それがいわゆる「スティグマ」(他者によって押しつけられたネガティブなレッテル)ってやつですね。

高樹 だから、仕事を辞めさせられるとか、学校を退学になるとか。それが大麻で逮捕された人たちの人生をどれだけ変えてしまうか。2022年には5000人以上いたんでしょう。そのことの議論をしてほしい。大麻がいい、悪い、ではなく。

正高　大麻で逮捕されることによって…。

高樹　人生が変わることを、誰か責任取ってくれる？　大麻は、悪いもんじゃないんだから。

正高　マスコミに顔写真なんて出たら、もう就職は難しくなってしまう。

高樹　本当にひどいと思う。

正高　ここまでの話を整理すると、「大麻は悪いものじゃない」。日本では古くから服や家の材料として使われてきた。これまでの法律では、所持罪はあっても、使用罪はなかった。しかし、今の日本では、大麻で逮捕されたり、マスコミに顔写真が出たりすると、その影響は一生ついて回る。罪の重さと、その後の影響の重さがつり合っていない。

高樹　そこの議論をしてほしい。

正高　高樹さんに関していうと、やっぱり謝っていないというのが、風当たりが強い理由だと思うのですが。

高樹 そうですね。大麻に関していえば、国家でダメっていっているものに対して…。

正高 慣例として、みんな（拘置所から）出てきた時に、「すみません」みたいなことをいうけど、高樹さんが謝らないっていうのは、強い信念があってのことですか？

高樹 そんな強い信念ということじゃないけど、大麻の真実を知ったものとしては、「何で、これで謝るの？」という気持ちだし、「なんでこんな法律があるの？」というのが素直な気持ち。

正高 大麻が悪いのではなく、法律違反をしたことが悪いということだけど、本心では法律が悪いと思っているということですね。特に日本では、報道によって「大麻、ダメ。ゼッタイ。」がみんなの頭に刷り込まれている。

高樹 報道といえば、そもそも私の家にマトリがきた時に、テレビカメラを引き連れてきたのも問題だと思います。

正高 捜査情報がリークされているわけですね。これは公務員の守秘義務違反にあたる疑いが濃い。

高樹　そんなことも、当時の私は知らなかった。やっぱり、準備不足だったと思います。

大麻の利用

高樹　私は、大麻は日本で古くから利用されてきたように、全草を上手に医療や生活に使えばいいと考えています。西洋医学の薬が、有効成分だけを抽出して作られているのに対して、東洋医学の漢方薬が、材料となる薬草などの成分を生かして作られている感じです。

また、若い人が嗜好用に使うというよりは、高齢者の生活の質を上げるために使うのがいいのではないかと思っていますが、正高さんはどのように考えていますか？

正高　まずいっておきたいのが、私は大麻は有用な植物だと思っていますが、**今の日本では所持は違法だし、大麻取締法が改正されれば使用も罪になります。ＣＢＤは使用できますが、ＴＨＣはダメ。**ということを押さえてから、医学的な話をします。

最初にお伝えしたいのが、「大麻には致死量はない」ということ。理論上は「15分で600kg吸う」くらいだったと思いますが、現実的にはあり得ない話です。呼吸中枢に作用しないので、医療用麻薬とは違い、死に至ることは考えにくい。また、やめると禁断症状が出るとか、手がふるえるとかの身体依存はないといわれています。一方、精神依存は1割弱くらいの人に出るというのが、GREEN ZONE JAPANの調査でわかっています。

高樹 私の意見としては、精神的な依存性があるとか、ないとかという話ではなく、人間は何かに依存してしまうものだと思います。だから、大麻でリラックスするとか、酩酊するというのは、ある種の気持ちよさがあるわけで、それに依存する人は絶対いると思います。それで、「また欲しいなあ」と思ってしまう。でも、このような気持ちよさを求める人たちが、〝せき止め薬を大量に飲んじゃう〟のに比べれば、大麻を少し与えてあげてもいいんじゃないかと思います。

正高 依存性は、嗜好品として売られているタバコやお酒よりも低いし、長期間使った時の体への影響も、アルコールより軽い。これが、科学的にほぼコンセンサスのある認識だと思います。

高樹 医療大麻としての利用という点では、正高さんはどのようにお考えですか?

正高　海外でよく使われているのは、痛みの緩和や、不安、不眠、抑うつの緩和などです。
それと、難治性のてんかんにも使われています。

高樹　漢方薬のように、日本で保険適用にするのは難しいんですか？

正高　今の日本の医療制度では難しいと思います。私は、まず自由診療でもいいので、患者さんが逮捕されずに医療で使えるようにすればいいと思っています。

大麻取締法の改正

高樹　今度改正される大麻取締法では、ＣＢＤはＯＫだけど、ＴＨＣはダメということになります。

正高　私はこれまで、大麻についての発信を6年やってきましたが、去年（２０２３年）までは試していなかった。でも、今年の2月くらいから、花粉症がひどかったのでＣＢＤのカプセルを飲み始めた。そうしたら、今年は花粉症の薬を飲まなくても、全然大丈夫だった。
また、てんかんに関しては、お子さんの発作が止まっている方もいらっしゃいますし、重いガンで寝たきりだった方がＣＢＤを飲んだら歩けるようになり、海外にまで行けたという例もあります。だから、ＴＨＣダメで、ＣＢＤしか使えない状況でも、いい影響が出る人はいると思っています。

高樹 私は一度捕まっているので、「ＴＨＣを体験しました」っていえます。もともとすごく健康なのですが、昔、親知らずの治療をしてから神経系の痛みだけが体にあるんですね。この神経系の痛みは、どっちかというとＴＨＣが効くので、ＣＢＤではこれはよくならない、ということはあります。

正高 ＴＨＣには、ゼロ基準問題というのがあります。法改正で、ＣＢＤ製品を使用する際に、ＴＨＣはどこまで含まれていていいのか、ということです。この基準値が、アメリカは０・３、ヨーロッパは０・２なのですが、日本ではこれが０・０００１になるとのこと。これは、アメリカの３０００分の１。これでは、海外からの輸入もできないし、そもそもそこまで厳しい検査ができるラボ（分析センター）もない。それで、業界では大騒ぎになっています。

大麻と覚醒剤の違い

高樹　それと、意外と知らない人が多いのが、大麻と覚醒剤の違いです。どちらも「麻薬」ということで一緒にされているけど…。

正高　戦後の日本では、バブルの頃に「24時間戦えますか」というCMがあったように、みんなイケイケで働いて、GDPもどんどん増やせという社会だった。みんな、目をバキバキにして働いた、アッパーの時代。これは、覚醒剤の世界です。

高樹　太平洋戦争中の日本軍をはじめ、ベトナム戦争の時のアメリカ軍などでも、覚醒剤が「戦意高揚剤」として使われていたそうですね。

正高　そういうのと、大麻の精神作用みたいな文化は合わないんですよ。なんかゆたっとするし、リラックスしてしまう。

高樹　あんまり働かなくなる。

正高　だから、日本で支配的だったドラッグって、アッパー系のもの。カフェインが入ったコーヒーとか、エナジードリンク。タバコのニコチンも、どちらかというとそっち系。

高樹 それと砂糖も。

正高 覚醒剤もそうなんで、やめたほうがいいでしょう。やっぱり、「寝れなくなる」「飯が食えなくなる」ドラッグはやめたほうがいい。

高樹 大麻は逆ですね。

正高 現状の衰退していく日本の社会では、まったりしていくような、それまでの価値観を転換していくような社会では、大麻が合っているんじゃないかと。衰退していく中でも、いかに楽しく暮らしていくか。

高樹 だって、30年くらい前に私が環境問題をかじり出した時にいわれていたのが、インドや中国が、アメリカやヨーロッパ並みに経済成長していったら、地球が4個必要ということ。もう、そういう右肩上がりの思想が「無理〜」というところに来ているところに、「じゃじゃ〜ん」と大麻が出てくる気がする。

正高 今でも「GDPを増やして、富国強兵で、万博やって、世の中全体で豊かになるんだ」といったら、やっぱりシャブ（覚醒剤）だと思う。アッパー系のドラッグ。もう「経済成長は無理でも、日本の地位は上がらなくても、メシはおいしいし、ゲームは楽しいし、音楽はタダで聴けるし、なんか日常の中に幸せがあるよね」というのなら、どちらかというと、大麻ということになる。

高樹　これからの日本に合っているのは「大麻」なんでしょうね（笑）。

本日はお忙しい中、ありがとうございました。

おわりに

私が大麻取締法で逮捕されたあと、何度も誤解されてきた、大麻草と私のことを書こうとパソコンの前に座り、ワードを開いた。しかし、出てくるのは怒りに満ちた言葉ばかり。「こんなに面白くない本は、誰にも手に取ってもらえないだろう」と何度も諦めた。

逮捕され、あれだけ全国で報道をされると、さすがに人生が生きづらくなる。

私が本当に伝えたい大麻草の真実や、私の思いは多分10ページも書き綴れば終わってしまう。

大麻の真実や科学的なエビデンスなどの書籍は、既にたくさん出版されている。

要は、誰がいうのかということなのだ。

今更、私が本を出しても……。

ただ、ワイドショーなどで乱暴に扱われた私のまま死んでいくのは、あまりにも自分がかわいそうでならなかった。

〝大麻草は麻薬〞としかインプットされていない人たちは、大麻撲滅キャンペーンにより、

「人間やめますか？　麻薬やめますか？」という怖いイメージが煽られ、脳に深く刷り込まれている。

だから、〝麻薬に手を出す人間は人としてダメ〟というのが、共通認識になっている。

「ルールを守れない奴は出てゆけ！」

「禁止されているものを使用して、逮捕された人間のいうことなど信用できない」

こうした言葉を投げつけてくる人が、いまだに後を絶たない。

実は、「この活動を経験して何が一番恐ろしかったか」というと、時代のムードというか、〝多くの人が、誰かに刷り込まれた情報を盲信していること〟や、〝メディアなどに洗脳されていること〟による言葉の暴力である。

私が経験したメディアレイプ（テレビ・新聞・インターネットなどによって、特定の人物や団体を一方的に批判・中傷すること）は、〝正義〟という旗を振りかざし、同調圧力を利用して、戦争に導く時の手法と酷似しているのではないのかとも感じる。

湾岸戦争の引き金になった、「ナイラ証言」をご存じだろうか？

1990年のこと。15歳の少女、「ナイラ」が、「イラク軍がクウェートで新生児を虐待し、死に至らしめた」と、その悲劇を涙ながらにアメリカ議会で語った。

メディアは大々的に報じ、人々の〝正義〟に火がついた。このことがきっかけとなり、イラクへの批判が高まり戦争は激化した。

後に、これは〝反イラク誘導キャンペーン〟であったことが発覚した。

この少女はアメリカに住み、一度も中東に行っていないことも後に発覚した。

不都合な真実は隠し、誰かの都合のよいように仕向けられてしまう。私たち国民はメディアを信じて生きてきたけれど、さまざまな情報操作の裏にはお金が絡んでいることを忘れてはならないと思う。

大麻草のことは、もしかしたら医療利権であるとか、戦後に始まった、〝日本を植民地として、意図的に私たちの生活やコミュニティを破壊する動き〟に関係しているのかもしれない。

相手は、巨大な情報産業を手にしているから、これ以上楯突くつもりはない。

ただ、私たちはそういうことが起こり得る社会に生きているということを認識して、自分や自分の大切な人、自分の国がよりよい世界になるように、情報には注意深く接し、そしてそれを見抜く力をつけ、賢くなる必要があると思う。

相手から与えられたテーマに、いつも国民同士が対立しあうのではなく、事の本質について議論できる。今だけ、金だけ、自分だけでなく、未来のためを思う。「そんなことが、みんなの当たり前になるとよいな」と、この経験を積み感じているところだ。

私は若い頃、まるでマッチ売りの少女のように、夢や希望を見せてくれるマッチをすり続けていた、期待と共に火を放つそこには、束の間の暖かさと光が生まれる。それはまるで脳内に起こる報酬系ドーパミンによる幻。

ありたいことと、あり得なかったこと。悲しみと喜びの波間を揺れ続けた。

私は何をしに生まれてきたのか?

それは目の前にあること、起こることを懸命に生きていくこと。それが答えを見つける1番の近道かもしれない。その道で出会ったものは、全て神様からの贈り物。

「自分の中に神はあった」と気がつくこと。「それを感じるために生まれたのか」と、今は思う。

この先は、日本人としてどんな美しい未来をこの国土に築き、未来の人たちに手渡していくか？　そんなことに貢献し、残りの人生を楽しんでゆけたらと思う。

結局、私の自叙伝のような本になってしまったが、これは作り話ではなく、正真正銘、私が歩んできた60年の記録。

「大麻草は麻薬ではない。ゆえに、そのことで人を犯罪者にしてはいけない」

多分、私はこの一言のためにこの本を書いた気がする。

波乱万丈な私の人生の記録を、最後まで読んでくださりありがとうございます。

何より、これまで順調な時も、そうでない時も私を支えてくださった皆様、応援してくださった皆様に、この場を借りて厚く熱く感謝を申し上げたいと思います。特に正高佑志さんには、対談を快く引き受けていただいただけではなく、私の拙い文章のチェックもしていただきました。ラッパーデビューもさせていただいており、本当に感謝しています。

そして、道中が無明な私の被害に遭われた方にもお詫びを申し上げ、成長の機会をいただけたことに感謝をお伝えしたいと思います。

世界の生きとし生けるものが、感謝と喜びに満ちた人生を送られることをお祈りいたします。

感謝

2024年初秋

高樹沙耶

高樹沙耶（たかぎ・さや）
1963年静岡県生まれ。本名は比嘉育江。17歳で上京し、モデルを経て1983年に映画『沙耶のいる透視図』の主演に抜擢される。1990年代には作詞家として活躍し、『はじめてのおつかい』（日本テレビ系）の主題歌『しょげないでよBaby』の作詞を担当。テレビドラマ『相棒』シリーズでは、主人公の元妻役を務めた。2002年にフリーダイビングW杯で銀メダルを獲得する。
2012年から大麻草検証委員会の幹事を務める。同年、芸能界を引退。2016年参議院選挙に医療大麻の解禁を訴えて出馬し6万票余を獲得するも、10月25日に大麻取締法違反の容疑で逮捕される。2023年に正高佑志とラップ曲『Legalize it』を共作し、YouTubeで公開（150万再生・2024年8月現在）。2024年公開の映画『レターパック裁判』で主演を務める。現在は石垣島でコテージ「虹の豆」を経営管理している。

大麻と私

2024年　10月23日　　第1版第1刷発行　　著　者　　高　樹　沙　耶

発行者　　高　橋　　考
発行所　　三　和　書　籍
〒112-0013　　東京都文京区音羽2-2-2
TEL 03-5395-4630　FAX 03-5395-4632
sanwa@sanwa-co.com
https://www.sanwa-co.com
印刷所／製本　中央精版印刷株式会社

乱丁、落丁本はお取り替えいたします。価格はカバーに表示してあります。

ISBN978-4-86251-565-0 C0095